FBOOK

工厂三精管理系列

U0656456

工厂生产计划

精细化、精益化、精进化

管理手册

方连惠◎编著

电子工业出版社

Publishing House of Electronics Industry

北京·BEIJING

内容简介

本书详细讲解了工厂生产计划的精细化、精益化与精进化管理，是一本生产计划制订与执行的工具书、实务书、方案书。

本书围绕需求预测、生产产能核定、生产计划编制、生产计划执行、生产计划变更、生产进度跟踪、生产信息化与生产计划考核等内容展开，是一本生产计划管理与执行的实务书。

本书提供了31个办法、9个方案、9个流程、5个规定、5个计划、3个规范、2个预案，共64个规范性文件，以保证生产计划的切实执行。

本书适合生产管理人员、计划管理人员、供应链管理人员阅读和使用，也适合企业管理专业的教师和学生阅读使用，还可以作为工作参考的手册。

图书在版编目（CIP）数据

工厂生产计划精细化、精益化、精进化管理手册 /

方连惠编著. -- 北京：电子工业出版社，2025.8.

(工厂三精管理系列). -- ISBN 978-7-121-50474-7

Ⅰ. F406.2-62

中国国家版本馆CIP数据核字第20251QF176号

责任编辑：刘伊菲

印　　刷：三河市鑫金马印装有限公司

装　　订：三河市鑫金马印装有限公司

出版发行：电子工业出版社

　　　　　北京市海淀区万寿路173信箱　　邮编：100036

开　　本：787×1092　1/16　印张：17　　字数：312千字

版　　次：2025年8月第1版

印　　次：2025年8月第1次印刷

定　　价：69.00元

凡所购买电子工业出版社图书有缺损问题，请向购买书店调换。若书店售缺，请与本社发行部联系，联系及邮购电话：（010）88254888，88258888。

质量投诉请发邮件至zlts@phei.com.cn，盗版侵权举报请发邮件至dbqq@phei.com.cn。

本书咨询联系方式：（010）68161512，meidipub@phei.com.cn。

在当今的制造业中，生产计划是工厂运营的核心，生产计划管理既是一门科学，又是一门艺术，它不仅关系到工厂的生产效率和成本控制，更直接影响工厂的市场响应速度和客户满意度。

随着全球经济一体化和市场竞争的加剧，工厂对生产计划管理的要求越来越高，迫切需要实现从精细化、精益化到精进化的转变，以实现更高效、更灵活、更可持续的生产运营。

1.精细化生产计划

探讨如何通过精细化管理，提高生产计划的精确度和可执行性，包括生产流程的优化、生产能力的平衡、生产调度的精确控制等。

2.精益化生产计划

阐述精益生产的理念和方法，以及如何将精益思想应用于生产计划的管理实践，实现生产过程的浪费最少和价值最大。

3.精进化生产计划

介绍精进化管理的理念，以及如何通过持续改进和创新，提升生产计划的准确性、竞争性和技术性。

本书从需求预测、生产产能核定、生产计划编制、生产计划执行、生产计划变更、生产进度跟进、生产信息管理、计划考核汇报等方面，设计了31个办法、9个方案、9个流程、5个规定、5个计划、3个规范、2个预案，制定了一系列的规范化管理措施，全面解析了工厂生产计划管理的每个环节，把生产计划从制订到落实、从执行到变更、从跟踪到控制、从线下到线上、从考核到汇报的内容，一一详解。

　　本书与《工厂成本费用精细化、精益化、精进化管理手册》《工厂生产设备精细化、精益化、精进化管理手册》《工厂生产现场精细化、精益化、精进化管理手册》《工厂质量管控精细化、精益化、精进化管理手册》共同组成了精细化、精益化、精进化管理的"工厂三精管理系列"。

　　本系列丛书在编写的过程中得到了6家生产制造工厂相关人员的支持，他们把一线的经验、做法和管理方式、方法融入到本系列丛书，增强了本系列丛书的实用性、实务性，在此一并表示感谢！

　　本书不足之处，敬请广大读者指正！

目 录

VII

05　第5章
生产计划执行、排产与排期精细化

06 第 6 章
生产计划变更、调整与优化管理精进化

07 第 7 章
生产进度跟踪、控制与交期管理精益化

08 第 8 章
生产计划与信息化管理

09 第 9 章
生产计划考核与总结汇报

01

第 1 章

工厂生产计划管理的"三精"之道

1.1　工厂生产计划"三精管理"的目标

1.1.1　管理精细化：提质增效

生产计划精细化管理是指通过对生产计划进行有效的规划、执行和监控，实现生产活动的高效率、高质量和低成本。生产计划精细化管理需要关注以下八个方面。

1.需求预测和计划制订

通过市场调研和历史数据分析，预测产品需求，并制订相应的生产计划。

2.资源规划和产能测定

确定所需的人力、设备、原材料等资源，并核定产能，合理分配资源，以满足生产计划需求。

3.生产排程

根据生产计划和资源情况，制定详细的生产排程，包括生产任务的优先级、时间安排等。

4.作业指导和执行

提供清晰的作业指导，确保生产任务按时按质完成。

5.实时监控和反馈

运用信息技术手段，对生产过程进行实时监控，及时发现并解决问题，保障生产进度和质量。

6.持续改进和优化

分析生产过程中的数据和绩效指标，找出存在的问题并进行改进，持续优化生产计划。

7.供应链协同和优化

与供应商和客户建立紧密的合作关系，实现供应链各环节的协同优化，确保原材料供应充足，产品及时交付。

8.员工培训和激励

注重员工技能培训，改善工厂激励机制，提高员工工作效率和积极性，从而推动生产计划的顺利执行。

1.1.2　管理精益化：降本增利

生产计划的精益化管理是一种旨在提高生产效率、降低生产成本、缩短生产周期并提升产品质量的管理方法。生产计划精益化管理需要关注以下六个方面。

1.库存情况的变化

关注库存的变化，避免过度生产和库存积压，减少库存成本和资源浪费。

2.生产方式的选择

根据市场需求和客户订单进行生产调度，采用小批量生产和灵活生产方式，减少大批量生产带来的库存积压和资源浪费。

3.生产调度的优化

优化生产调度，减少生产瓶颈和过度负荷，平衡生产线负荷。

4.快速换产

减少生产切换时间，使生产线能够更快地适应产品变化。

5.计划指标的优化

根据市场需要、资源利用情况和经济效益原则，确定和优化生产计划指标，包括产品品种、产量、质量、产值等。

6.信息技术的应用

利用信息技术，如ERP（Enterprise Resource Planning）系统，来支持生产计划，进行生产跟踪，优化生产活动。

1.1.3　管理精进化：持续改进

生产计划的精进化管理可以降低成本、缩短交货时间、增加客户满意度。生产计划的精进化管理需要关注以下五个方面。

1.持续提高信息化程度

引入先进的生产计划系统和软件，如MRP（Material Requirements Planning）或ERP，不断提高信息化水平，建立完善的信息化管理系统，实现对生产数据的实时监控，及时发现问题和异常，并迅速提供解决方案，完成生产计划的执行和生产控制的优化。

2.持续优化供应链

与供应商建立紧密的合作关系，建立供应链协同管理机制，共享信息和资源，确保物料供应的及时性和稳定性。

3.持续优化排程和调度

利用先进的排程算法和调度工具，优化生产排程，合理安排生产任务、合理进行资源调配，以缩短产品生产周期、提高生产效率。

4.持续优化需求和订单

通过市场调研、数据分析和客户沟通，提高需求预测的准确性，优化订单管理流程，及时反馈订单变化情况，减少因供需不平衡带来的生产计划波动。

5.持续改进和不断学习

建立持续改进的机制，鼓励员工不断提出生产计划改进建议和参与改进活动，不断优化生产计划管理流程，提高生产计划管理水平。

1.1.4 "三精管理"在工厂生产计划中的应用

将"三精管理"应用于工厂生产计划管理，能够提高生产效率、降低生产成本、缩短生产周期，从而实现生产管理的持续优化。

1.精细化管理

精细化管理以市场需求为导向，通过对客户订单和市场趋势等数据进行分析和预测，能够制订出更加科学、合理的生产计划。其在生产计划方面的应用如表1-1所示。

表1-1　精细化管理在生产计划方面的应用

应用方面	具体方式
优化生产计划	◆ 使用先进的排程软件 ◆ 建立有效的订单管理系统 ◆ 设置合理的生产排程规则
合理利用生产资源	◆ 建立完善的生产资源管理系统 ◆ 使用生产数据采集和分析技术 ◆ 进行生产作业标准化管理

续表

应用方面	具体方式
提高生产计划灵活性	◆ 建立快速响应的生产计划调整机制 ◆ 与供应商建立紧密的合作关系 ◆ 预留适当的生产缓冲时间

2.精益化管理

精益化管理通过对生产过程各个环节进行深入研究和分析，找出价值增加明显环节和非价值增加的浪费环节，使生产计划更加精简高效。其在生产计划方面的应用如图1-1所示。

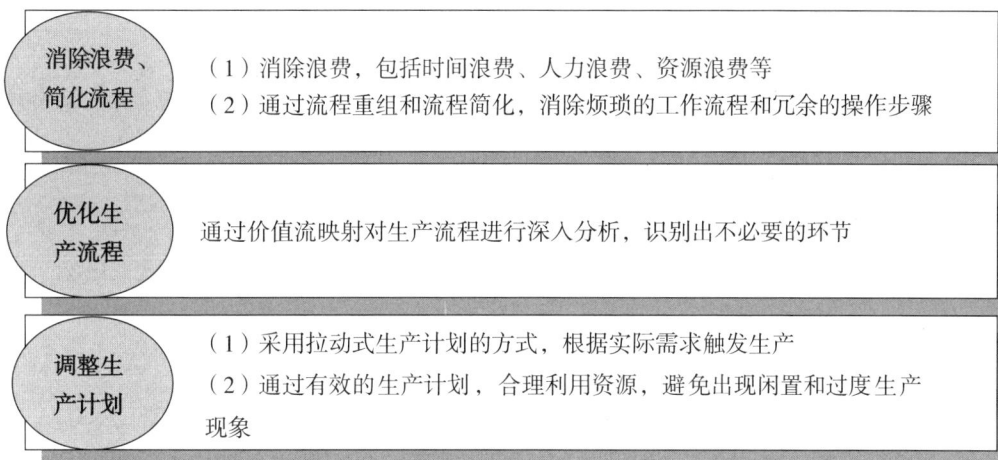

图1-1 精益化管理在生产计划方面的应用

3.精进化管理

精进化管理强调在生产计划中通过科学规划和持续改善来优化生产计划。其在生产计划方面的应用如图1-2所示。

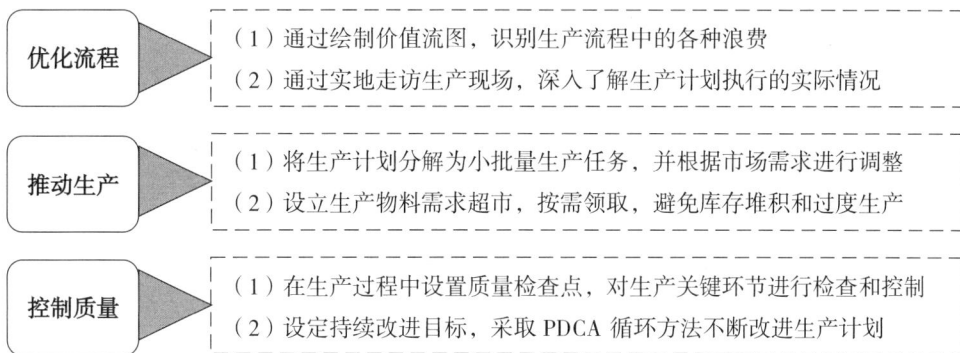

图1-2 精进化管理在生产计划方面的应用

005

1.2 工厂生产计划 8 个核心管理

1.2.1 需求预测与准确性管理

需求预测与准确性管理能够帮助工厂提高生产效率、降低生产成本、提升客户满意度、实现可持续生产，以及提高工厂的灵活性、应变能力和决策能力。

1.需求预测管理

（1）提高生产计划优化程度

准确的需求预测可以帮助工厂更好地理解市场需求，合理安排生产任务，避免出现产能过剩或产能不足的情况，从而提高生产效率，降低生产成本。

（2）优化库存管理

准确的需求预测可以帮助工厂合理设置库存水平，避免库存过高或过低的情况。通过准确的需求预测，工厂可以更好地管理库存，降低库存成本。

（3）实现可持续生产

准确的需求预测可以帮助工厂合理利用生产资源，避免出现过度生产或欠产的情况，从而降低能源成本和环境成本。

（4）提升客户满意度

准确的需求预测可以帮助工厂按时交付客户订单，减少延误和缺货情况，从而提高客户满意度，增强客户黏性。

2.准确性管理

准确性管理的主要应用如表1-2所示。

表1-2　准确性管理的主要应用

主要应用	详细说明
提高预测准确性	◆帮助工厂更精准地了解市场和客户需求 ◆降低预测误差和偏差，提高生产计划的准确性

主要应用	详细说明
降低生产风险	◆通过合理的数据采集和分析，帮助工厂降低生产风险 ◆帮助工厂更好地预测市场需求变化、客户需求波动等情况 ◆及时做出生产计划调整，避免因需求波动导致的产能过剩或产能不足
提高资源利用效率	◆通过对历史数据和市场趋势的准确分析，可以合理安排生产资源 ◆避免过度投入或投入不足的情况，从而提高资源利用效率 ◆合理的资源利用可以降低生产成本，提升工厂的竞争力

1.2.2　生产产能核定、计划与优化管理

生产产能核定、计划与优化管理可以帮助工厂优化生产计划，提高生产效率，降低生产成本，提升工厂的竞争力。

1.产能核定管理

（1）确保生产计划的可行性

帮助工厂了解自身的生产能力，从而在制订生产计划时考虑到实际产能水平，确保生产计划的可行性，降低订单不能按时交付的风险，提升客户满意度。

（2）避免产能过剩或不足

帮助工厂合理安排生产资源，避免产能过剩或不足的情况。产能过剩会导致库存积压和资金占用，产能不足则会导致无法满足市场需求。

2.产能计划管理

（1）提高生产效率

帮助工厂优化对生产资源的利用，避免生产过程中的闲置和等待，从而提高生产效率。合理的产能计划，可以使生产设备在最佳状态下运转，工人可以按照预定计划安排工作，从而提高生产效率，降低生产成本。

（2）确保生产计划的及时性

帮助工厂根据市场需求和资源状况合理安排生产时间，确保生产计划的及时性。生产计划及时可以避免因生产延误导致的订单滞后交付、客户投诉等问题，从而保护工厂声誉，维护客户关系。

3.产能优化管理

产能优化管理的主要应用如表1-3所示。

表1-3　产能优化管理的主要应用

主要应用	详细说明
持续优化生产能力	◆帮助工厂不断监控和改进生产能力，提高生产设备的利用率 ◆通过减少生产过程中的浪费、优化生产流程等方式，提高产能水平 ◆帮助工厂更加精准地实施生产计划，确保生产资源的最优利用
灵活应对市场变化	◆通过产能优化管理，工厂可以更加灵活地应对市场变化 ◆及时进行产能调整和生产计划优化，能够保持生产的灵活性和适应性
提升生产计划的准确性	◆通过持续的数据分析和预测分析等方式，提高生产计划的准确性 ◆准确的生产计划可以避免因过度生产或生产不足而导致的生产成本增加 ◆避免出现库存积压、客户满意度下降等问题，从而提升工厂的竞争力

1.2.3　生产计划编制、审定与下达管理

通过合理的生产计划编制、审定与下达管理，工厂可以优化生产资源配置，提高生产效率和客户满意度，从而提高工厂的竞争力和可持续发展能力。

1.生产计划编制管理

（1）确保生产任务安排合理

生产计划编制管理可以对生产任务进行合理安排，包括生产数量、生产周期、生产优先级等。科学的生产任务安排可以避免生产过程中的资源浪费，确保生产计划与工厂的生产能力相匹配。

（2）确保生产资源充分利用

生产计划编制管理可以对工厂生产资源进行充分利用，包括生产设备、人力资源、原材料等。合理的生产资源配置，可以提高生产效率，减少资源闲置，降低生产成本，从而提升工厂盈利能力。

（3）确保生产时间安排合理

生产计划编制管理可以对生产时间进行合理安排，包括生产周期、生产节奏、交付时间等。合理的生产时间安排，可以避免生产延误，确保生产计划按时完成，提高客户满意度。

2.生产计划审定管理

（1）提高生产计划可行性

通过生产计划审定管理，可以对生产计划进行全面评估和审核，包括对生产资源可用性、生产设备运行状态、人力资源配备等的审核，这有助于提高生产计划可行性，避免因生产资源不足或生产条件不满足而导致生产计划无法按时完成的问题。

（2）实现生产计划协调统一

生产计划审定管理可以实现生产计划的协调与统一。通过统一生产计划编制和审定流程，可以确保生产计划之间的协调与衔接，避免因各部门或个别生产线之间计划冲突而导致的生产调度混乱、资源浪费等问题。

3.生产计划的下达管理

生产计划下达的主要应用如表1-4所示。

表1-4　生产计划下达的主要应用

主要应用	具体说明
提高透明度和可追溯性	◆可以使生产计划信息更加透明和可追溯，规范审定与下达的管理流程 ◆可以确保生产计划信息准确传递给相关部门和人员，避免信息传递失误 ◆方便对生产计划执行情况进行监控和追溯，并及时进行反馈和改进
加强对生产计划的监督与控制	◆可以实现对生产计划的监督与控制 ◆通过对生产计划的审定和下达，便于设定监控指标和控制点 ◆对生产计划执行情况进行实时监控，及时发现问题并采取措施

1.2.4　生产计划执行、排产与排期管理

生产计划执行、排产与排期管理可以确保生产计划精确执行，优化生产资源利用率，确保生产计划与实际生产的一致性，实现生产计划的灵活调整，提高生产管理的可视化和协同性。

1.生产计划执行管理

（1）确保生产计划顺利实施

通过有效的生产计划执行，可以确保生产计划中的生产任务按照计划要求和时间节点执行，从而保障生产计划的顺利实施，减少生产延误和生产资源浪费。

（2）提高生产效率

通过优化生产任务的安排和调度，可以避免生产线停滞，从而减少等待时间，提高生产效率，降低生产成本，提高工厂的竞争力。

（3）提升产品质量

帮助工厂及时发现生产过程中的异常情况，避免生产过程中的错误和瑕疵，提升产品质量和客户满意度。

2.生产计划排产管理

（1）合理安排生产任务的时间和顺序

通过科学的排产管理，可以避免生产任务之间的冲突和交叉；合理利用生产资源，可以避免生产过程中的闲置，从而提高生产效率，保证生产计划顺利实施。

（2）提升生产资源利用率

通过合理排产，可以避免生产资源浪费和闲置，降低生产成本，提高生产效率。此外，还可以帮助工厂合理安排生产顺序，从而减少生产线等待时间，提高生产效率。

（3）避免生产延误

通过科学的排产管理，可以避免生产计划的偏离和延误，从而保障产品准时交付。

3.生产计划排期管理

排期管理的主要应用如表1-5所示。

表1-5　排期管理的主要应用

主要应用	具体说明
确保生产任务按时完成	◆通过合理的排期管理，能够合理安排生产任务的时间和顺序 ◆确保生产任务能够按照预定的计划要求和时间节点完成 ◆保障生产计划的顺利实施，避免生产延误
提升生产调度的准确性	◆帮助工厂准确安排生产时间，从而提升生产调度的准确性 ◆通过合理的排期管理，对生产任务进行详细的时间规划和调度安排
提高生产计划的响应速度	◆帮助工厂灵活地调整生产任务，从而提高生产计划的响应速度 ◆在生产计划出现变化、市场需求发生变化时，能够及时应对 ◆可以迅速调整生产任务的时间和顺序，使生产计划能够快速响应市场变化

1.2.5　生产计划变更、调整与优化管理

生产计划的变更、调整与优化管理在生产管理中起着重要的作用，可以帮助工厂灵活应对市场变化，优化生产资源利用，从而提高生产效率和产品质量。

1.生产计划变更管理

（1）确保生产计划的准确性

变更管理可以帮助工厂及时识别和处理生产计划中的问题，确保生产计划的准确性。通过对生产计划变更进行有效的管理，可以避免出现生产延误、产能浪费等问题。

（2）提升生产计划的灵活性

变更管理可以帮助工厂快速响应市场变化，灵活地调整生产计划，确保生产任务能够按时完成，并满足市场需求，适应市场变化，避免产能闲置或过度投入的情况发生。

（3）管理生产计划的变更风险

变更管理可以帮助工厂识别和管理生产计划变更的风险，通过采取相应的措施进行风险防控，可以降低生产计划变更带来的负面影响。

2.生产计划调整管理

（1）最大限度地利用生产资源

能够帮助工厂根据生产资源的实际情况，合理调整生产计划，避免生产资源的浪费和闲置，提高生产效率，降低生产成本。

（2）提升生产计划执行力

帮助工厂合理安排生产任务的时间和顺序，通过调整生产计划，可以优化生产调度，提升生产计划的执行力，从而确保生产计划能够按时完成。

（3）提高生产计划适应性和稳健性

帮助工厂根据实际情况灵活调整生产计划，通过合理调整生产计划，可以使生产计划更加稳健，降低受外部环境变化影响的风险。

3.生产计划优化管理

生产计划优化管理的主要应用如表1-6所示。

表1-6　生产计划优化管理的主要应用

主要应用	具体说明
提高生产效率和产能利用率	◆帮助工厂优化生产计划，合理安排生产任务的时间和资源 ◆提高生产效率和产能利用率，优化生产计划，避免生产资源浪费 ◆合理分配生产任务，避免资源闲置，使生产过程更加高效
优化生产流程和降低生产成本	◆帮助工厂优化生产流程，合理安排生产任务和生产资源 ◆降低生产过程中的等待时间、运输时间和库存量，降低生产成本 ◆帮助工厂对生产流程中的瓶颈和不必要的环节进行优化和改进
提升产品质量和交货准时率	◆帮助工厂合理安排生产任务和资源，确保生产过程中的质量得到保证 ◆使检验环节得到充分保证，避免生产过程中的抽样检验不足，从而提升产品质量

1.2.6　生产进度跟踪、控制与交期管理

生产进度跟踪、控制与交期管理有助于保证生产计划的顺利执行，提高生产效率和客户满意度，降低生产风险和生产成本，提高市场竞争力。

1.生产进度跟踪管理

（1）实时监控生产进度

帮助工厂实时监控生产进度，掌握每个生产任务的状态、进展情况和延误情况。通过及时了解生产进度，工厂可以发现生产过程中的问题和瓶颈，及时采取措施加快生产进度，确保生产计划顺利执行。

（2）提前预警生产延误情况

帮助工厂发现生产延误情况，及时进行预警和处理。通过监控生产进度，可以及时识别生产任务是否按计划进行，是否存在延误风险，从而采取措施进行调整，避免生产延误影响交期。

（3）提高生产资源利用率

帮助工厂合理调度生产资源，确保生产任务按时完成。通过实时监控生产进度，可以避免生产资源的闲置和浪费，从而提高生产资源利用率，降低生产成本。

2.生产进度控制管理

（1）确保生产进度按计划执行

帮助工厂采取措施确保生产进度按照预定计划执行。通过监控生产进度，及时发现生产任务是否存在偏差，同时采取措施调整生产进度，保持生产计划的稳定和可靠性。

（2）优化生产资源配置

帮助工厂合理配置生产资源，确保生产任务按时完成。通过控制生产进度，可以合理安排生产任务和生产资源，避免生产过程中的资源浪费和闲置，提高生产资源的利用效率。

（3）保证产品质量和交期

帮助工厂确保生产质量的合规性和产品交付的准时性。通过控制生产进度，可以保证生产任务按时按质完成，从而确保生产质量得到充分控制，使产品能够按时交付给客户，提升客户满意度。

3.交期管理

交期管理的主要应用如表1-7所示。

表1-7　交期管理的主要应用

主要应用	具体说明
确保订单按期交付	◆帮助工厂合理安排生产计划，确保订单按期交付 ◆保证产品准时交付客户，提高客户满意度，维护工厂声誉
降低交期延误风险	◆帮助工厂识别交期延误的风险，并采取措施进行风险控制
优化交期管理流程	◆帮助工厂优化交期管理流程，提高交期管理的效率和准确性 ◆实现信息化管理和自动化控制，提高交期管理的精细化和灵活性

1.2.7　生产计划与信息化管理

生产计划与信息化管理可以帮助工厂实现生产效率和生产质量的提高，生产成本的降低，从而提高工厂的竞争力。此外，信息化管理还可以提供实时的生产数据和指标，协助工厂管理层对生产计划进行监控、分析和评估，从而及时调整生产计划和生产策略。

1.提高生产计划准确性

通过数据采集、分析和处理，提供准确的市场需求预测、产能评估、原材料库存、生产进度等信息，从而使生产计划更加准确。基于准确的生产计划，工厂可以合理安排生产资源，避免生产过剩或生产不足，从而提高生产效率和产品交付准时性。

2.优化生产资源利用

通过对生产资源进行实时监控和管理，能够实现生产资源合理配置和优化利用。通过信息化系统，可以监控生产设备状态、产能利用率、能源消耗等信息，从而实现生产资源合理优化，提高生产效率和资源利用效率，降低生产成本。

3.提高生产过程可控性

通过对生产过程的监督和控制，能够确保生产过程的可控性和稳定性。通过信息化系统，可以实时监测生产过程中的关键参数和指标，预警生产过程中的异常情况，并及时采取措施进行调整，确保生产过程按照计划进行。

4.提升生产决策科学性

通过对大量数据的收集和分析，能够提供科学的生产决策依据。通过信息化系统，可以对生产计划进行模拟和优化，评估不同生产方案的可行性和效果，辅助管理人员进行科学决策，降低生产决策风险，提高生产计划的科学性和合理性。

5.支持生产协同和沟通

通过信息化系统，可以实现不同部门之间的协同和沟通。各部门可以通过共享生产计划和生产进度信息，实现生产资源协同利用、生产过程协同控制，从而提高生产协同效率，减少信息传递误差，提高沟通效果。

1.2.8　生产计划考核管理

生产计划考核管理通过考核生产计划的执行情况，确保生产计划与实际生产情况的一致性，激励和约束生产管理人员，提高生产管理的透明度，从而促使工厂能够高效执行生产计划，提高生产效率，降低生产成本，提高市场竞争力。

1.考核生产计划执行情况

通过设定合理的考核指标和标准，可以对生产计划的执行进展、达成情况进行量化考核，从而了解生产计划的实际执行情况，及时发现并解决计划执行中的问题。

2.确保生产计划与实际生产情况的一致性

通过对生产实际情况进行监控和对比分析，可以发现生产计划与实际生产情况之间的偏差，从而及时调整生产计划，确保生产计划的合理性和可执行性。

3.激励和约束生产管理人员

通过设定考核指标和奖惩机制，可以激励生产管理人员认真履行生产计划管理职责，促使其积极推动生产计划执行，从而推动生产管理人员不断优化生产计划。

02

需求预测与准确性管理精细化

2.1　需求预测的依据与方法

2.1.1　需求预测的依据

需求预测的依据是预测的基础，需求预测依据的准确性和完整性对需求预测的准确性和可靠性至关重要，需求预测的依据包括历史销售数据、产品调研情况、市场供给情况等。工厂进行需求预测时需要综合考虑多种因素，并根据实际情况进行调整和修正，需求预测的依据如表2-1所示。

表2-1　需求预测的依据

需求预测依据	具体说明
历史销售数据	历史销售数据是工厂制订需求预测计划的重要数据来源，通过分析过去一段时间内的销售数据，可以帮助工厂预测其产品在未来的销售量，得出销售趋势、周期性波动等信息，从而更好地进行生产计划的制订
产品调研情况	工厂在产品进入市场前需要了解市场规模、市场渗透率等因素，从而预测市场需求；对于已经进入市场的工厂，可以通过分析竞争对手的销售数据和市场占有率等信息，对市场需求进行预测
市场供给情况	市场供应链的效率和稳定性、供给弹性和供需平衡状态等因素都会对市场需求预测的准确性产生影响，在进行需求预测时，需要综合考虑市场供给情况，以了解产品市场的整体供需状况和未来的发展趋势，为工厂制订合理的生产计划提供依据
材料供应情况	产品原材料供应商和其他供应链合作伙伴的生产计划、库存情况等信息，都会对未来的产品需求预测情况产生影响，因此在进行需求预测前需要全面了解材料供应情况，同时对新材料的情况要及时跟进，保证材料及时更新换代，保证产品的生产效率和生产质量，及时更新生产计划，保证需求预测的准确性
产品营销推广策略	产品上市后制定的营销策略、推广活动、广告策略、市场定位等都会对产品销量产生影响，从而影响需求预测的准确性。因此工厂需要根据产品的营销推广策略及时调整需求预测结果
人员流动情况	生产人员的流失会造成生产人员的需求量增多，进行生产人员需求预测时要及时关注人员流动情况，调整人员需求量

需求预测依据	具体说明
季节性和特殊事件	季节性和特殊事件的影响也是工厂需要考虑的重要因素，季节变化、特殊的假日、特殊事件等，都会改变市场需求量，需求预测也要及时调整
政策变化情况	政策的类型和特征改变都会影响市场需求，贸易政策、货币政策、价格政策、税收政策等改变会使市场需求发生变动，从而影响需求预测
产品特征	工厂需要了解产品的特征、竞争性因素及其他影响销量的因素，如产品的质量、性能、颜色、款式和包装，以及产品的适用范围和价格等，这都是工厂在制订需求预测计划时需要考虑的重要数据

2.1.2　需求预测的方法

工厂根据实际情况选择合适的需求预测方法，可以提高预测的准确性和可靠性，减少库存积压和资金占用，降低采购成本和风险，提高决策的科学性和合理性。

需求预测有定性预测和定量预测两种方法，定性预测适用于难以选用定量预测方法的情况，如主观因素较多、不易量化、经常使用软性信息等；定量预测的主要特点是利用统计资料和数学模型来进行预测，前提是变量与需求的关系今后仍然保持不变。需求预测方法及说明如表2-2所示。

表2-2　需求预测方法及说明

需求预测方法		具体说明	适用情况
定性预测	专家会议法	通过聘请预测对象所属领域的专家，或邀请生产部相关领导人员进行会议讨论，依靠专家的知识和经验进行预测	定性预测法是主要依靠专家的知识经验和综合分析判断能力来预测其发展变化趋势和水平的非量化方法，具有速度快、费用低的特点，在缺少信息资料数据的情况下，多采用此类方法
	销售人员意见综合法	让销售人员根据自己的知识、掌握的信息资料和自身经验直接对产品的市场需求作出分析判断和预测	
	市场调研法	派出调研小组去市场上收集相关资料，并对资料进行整理、分析，进而得出预测结果	
	德尔菲法	采用匿名且互不交流的通信方式征询专家小组成员的预测意见，经过几次反复征询和反馈，专家小组成员的意见逐步趋于统一，最后获得具有较高准确率的集体判断结果	

需求预测方法		具体说明	适用情况
定量预测	回归分析法	一种统计分析方法，是在现有数据的基础上，根据因变量与某些自变量之间的相关关系，建立一个回归方程（$Y_t=a+bx$），并加以外推，用于预测今后的因变量的变化	定量预测法是利用数学手段以数量的形式准确地揭示事物发展变化趋势或水平的预测方法。其基本数学手段是数学模型、计算机模拟、曲线图等。在应用定量预测方法进行预测时，要求具有比较完整的统计数据资料。在预测对象的发展变化比较稳定时，选用适当的数学方法进行定量预测，可以得到比较准确的预测结果
	时间序列法	一种统计分析方法，是在现有数据的基础上，根据过去某一段时间的数据序列，来预测未来时间段内数据变化的趋势	
	趋势外推法	根据预测变量的历史时间序列揭示出的变动趋势外推将来，以确定预测值的一种预测方法	
	模糊数学法	采用模糊数学模型，先进行单项指标的评价，然后分别对各单项指标给予适当的权重，最后应用模糊矩阵复合运算的方法得出综合评价的结果	
	系统分析预测法	指把预测对象放在系统的形式中加以考察预测的方法。从系统的观点出发，始终着重从整体与部分之间、整体与外部环境之间的相互联系、相互作用、相互制约的关系中综合地、精确地考察预测对象，以达到预测目的的方法	

2.2 生产的产品、产量、产值预测

2.2.1 生产产品预测的方法

为了制订合理的生产计划，提前进行原材料和半成品采购，降低采购成本，更好地控制成本和提升生产效率，工厂需要进行生产产品预测，其预测方法主要包括以下3种。

1.市场调研预测法

市场调研预测法是指在市场调查的基础上，对市场的发展趋势和市场占有率等进行调查分析，从而预测生产的产品品种、数量、质量和销售价格等。

市场调研预测法可以获取准确、完整的市场需求信息，避免因为数据不准确或不完整而导致的预测偏差；市场调研预测法通过获取用户的真实需求和反馈，降低风险和成本；市场调研预测法可以帮助工厂了解市场需求的变化趋势，提供更加符合市场需求的产品和服务，提高工厂的竞争力。

2.产品品种结构预测法

产品品种结构预测法是指根据市场调研和市场预测的结果，对产品品种及其结构进行预测。通过对市场需求的调研和分析，预测不同消费群体对不同产品品种的需求量及需求结构的变化趋势，从而指导工厂合理地组织生产。

产品品种结构预测法可以通过对历史数据的分析和模拟，预测未来的产品品种结构变化趋势，提高决策的科学性和合理性。

3.市场竞争预测法

市场竞争预测法是指工厂根据市场竞争的情况，适时地调整生产的品种、规格和销售价格等，以适应市场的变化。市场竞争的情况会直接影响产品的品种、规格、质量和销售价格等。

市场竞争预测法可以帮助工厂了解市场竞争对手的情况，提供更加符合市场需求的产品和服务，及时调整生产和采购计划，降低风险和成本。市场竞争预测法同时可以帮助工厂了解市场需求的变化趋势，及时发现市场机会，增强市场洞察力。

2.2.2　生产产量预测的方法

为了帮助工厂估算未来一定时期内的销售需求量，进而制订出具体的生产计划，帮助工厂合理组织和调配生产资源，提高生产效率和产品质量，需要进行生产产量预测，其预测方法主要包括以下3种。

1.历史数据预测法

根据历史的实际生产数据和销售数据，通过趋势分析、季节性分析等方法，预测未来的生产需求量和产量。

历史数据预测法主要适用于相对稳定的市场和产品，对于变化快速的市场和产品，预测的准确性可能较低。

2.客户需求预测法

客户需求预测法是指工厂通过与客户签订长期合同，确定产品的销量、结构等信息，根据客户需求来预测生产产量。客户需求预测法需要工厂有稳定的客户基础和长期合作的意愿。

通过客户需求预测法，工厂可以提前准备产品、资源，避免浪费。工厂还可以更有效地规划其生产计划和供应链，从而提高市场竞争力。

3.推演分析法

推演分析法是指工厂通过不同的生产组合、不同的产能水平、不同的销售渠道等，进行多维度推演和分析，进而预测未来的生产产量。

推演分析法使用历史数据和现有趋势来进行预测，预测结果可以与实际情况作对比，从而检验其准确性。通过推演分析法，工厂可以利用已有的历史数据和现有的趋势来预测未来的可能情况，其预测准确性相对较高。

2.2.3 生产产值预测的方法

为了帮助工厂更好地掌握资源供给和市场需求的情况，调整生产周期和产品种类，提高生产效率和产品质量，降低生产成本和库存成本，从而在市场竞争中占据更有利的地位，需要精准预测生产产值，其预测方法包括以下3种。

1.统计模型法

统计模型法是通过对历史数据的分析和处理，运用数学模型进行预测的一种方法。常用的统计模型有趋势分析、时间序列分析、回归分析等。

统计模型法科学可靠、精度高，但需要大量的历史数据作支持。

2.调查法

调查法是针对目前市场需求和销售情况进行预测的一种方法，主要涉及对市场规模、产品销售量、竞争状况等因素的调查。通过对这些因素进行分析，建立预测模型，能够得出工厂未来产值的预测结果。

调查法能够直接反映市场需求和工厂竞争力，但是由于调查的不确定性，精度相对较低。

3.经验法

经验法是根据过去的生产经验，结合当前的生产情况进行的预测方法。在使用经验法时需要根据生产的产品数量、生产周期、原材料消耗量、生产效率等因素进行分析和计算。

经验法简单易行，但是精度明显低于其他方法。

2.2.4 生产的产品、产量、产值需求准确性预测办法

准确的需求预测可以帮助工厂更好地规划并优化生产流程和生产计划，防止原材料和产能浪费，提高生产线的效率和产品的生产速度。为了提升生产预测的准确性，需要制定生产的产品、产量、产值需求准确性预测办法。

生产的产品、产量、产值需求准确性预测办法

第1章 总则

第1条 目的

为了提高工厂的生产效率和生产质量，增加生产产值，提高工厂的竞争力，避免因过低或过高的生产需求而产生库存积压或生产不足问题，特制定本办法。

第2条 适用范围

本办法适用于工厂的生产产品、产量、产值的需求预测管理。

第3条 基本原则

生产预测应遵循科学性、客观性、可靠性原则，充分考虑市场需求、生产能力、技术水平等因素，确保预测结果的准确性和可靠性。

第2章 生产产品准确性预测措施

第4条 收集市场信息及客户反馈

工厂在进行产品预测时，可以利用市场调研、市场研究结果分析、打造客户关系管理系统等方式，调查市场需求并分析其变化趋势。工厂还可以从客户反馈等方面了解产品的优缺点和改进意见，帮助工厂提出更好的产品方案。

第5条 建立数据模型

数据模型是指建立在历史数据存储、分析和应用的基础上，对未来需求进行预

测的工具。通过对市场近年的销售数据进行统计分析，勾画出其发展趋势，建立数据模型辅助预测市场的未来需求情况，从而准确预测生产的产品类型，并量化地估计需求量。

第6条　监测竞争对手

生产工厂还应跟踪竞争对手的市场举措、生产布局及产品定位等方面。因为竞争对手的市场行为会对工厂产品的需求产生决定性的影响，严密的监测有助于工厂更准确地预测未来市场需求。

第3章　生产产量准确性预测措施

第7条　分析生产流程

1.行业从业人员应精通产品研发、生产及人员定位等知识，分析生产流程中的瓶颈，找到漏洞并加以改进。

2.工厂通过流程优化、精益化生产，能够提高生产效率，同时保证生产过程的稳定性，提升产量预测的准确性。

第8条　培训和技能开发

工厂可以为生产岗位设计培训课程，在设备操作、班组管理和生产技能方面对员工进行定期培训，从而提高生产效率及产量预测准确性，并能有效减少因技能不足造成的生产难题。

第9条　建立生产系统模型

1.建立生产系统模型需要基于统计分析数据及其他相关信息，将生产过程进行可视化建模和精密管理，并通过数据分析、数据挖掘等方式来得到生产的实时数据，从而加强对生产的监控与预测。

2.建立系统模型前，应从生产效率、人员行为、设备运行等方面进行分析，快速定位生产过程中的问题，并及时采取措施进行处理，提升产量预测的准确性。

第4章　生产产值准确性预测措施

第10条　综合考虑市场影响因素

产值预测需要综合考虑市场需求、产品价格和产量等因素，工厂可以根据市场实时变化情况，进行销售策略的调整，从而提高产值预测的准确性。

第11条　建立销售计划管理系统

工厂可以将销售计划管理系统与生产流程管理系统集成，实现销售计划的自动审核和调整，在销售环节掌握客户的考量因素，设计出更好的销售策略，并在生产过程中及时调整产量，以满足市场需求。

第12条　分析成本和利润

工厂应当基于历史数据预测工厂未来的成本、人员建设和其他费用，通过建立数据模型来预测未来成本，作为未来投资和财务计划决策的保证。

第13条　构建价格分析模型

建立产品价格、成本和销售量等数据模型，分析政策变化对市场价格产生的影响，帮助工厂对市场的变化进行快速反应，并适时制定准确的价格政策，为工厂带来可观的收益。

第5章　附则

第14条　编制单位

本办法由生产部负责编制、解释与修订。

第15条　生效日期

本办法自××××年××月××日起生效。

2.3　生产的物料、能源、资金需求预测

2.3.1　生产物料需求预测的要点与程序

生产物料需求预测是一项关键的生产管理任务，需要工厂对生产计划、预测方法、市场需求及生产过程中的损耗和浪费等因素进行综合考虑，以确保预测物料的需求量准确、合理，从而为工厂的生产和进一步发展提供支持。

1.生产物料需求预测要点

（1）资料准备和数据计算

在进行物料需求预测之前，需要收集工厂过去和现在的需求数据，并进行相关的数据分析和计算。这些工作包括收集历史需求数据、进行相关的数据分析和计算、建立预测模型等。

（2）市场调研和市场分析

在进行物料需求预测之前，需要进行市场调研和市场分析，了解市场需求的变化趋势和竞争对手的情况，以便更好地预测市场需求。

（3）多种预测方法综合运用

物料需求预测可以采用多种预测方法，如基于数学模型的预测方法、基于经验的预测方法、基于专家判断的预测方法等。选择适合工厂的预测方法，可以提高预测的准确性和可靠性。

（4）多方面的预测验证

在进行物料需求预测之后，需要进行多方面的预测验证，以确保预测的准确性和可靠性。这包括进行历史数据的验证、进行市场调研和分析的验证、进行预测模型的验证等。

（5）优化预测方案

在预测过程中，可能会出现预测结果与实际情况不符的情况，因此，需要及时调整和优化预测方案，以更好地适应市场需求的变化。

2.生产物料需求预测程序

生产物料需求预测的程序如图2-1所示。

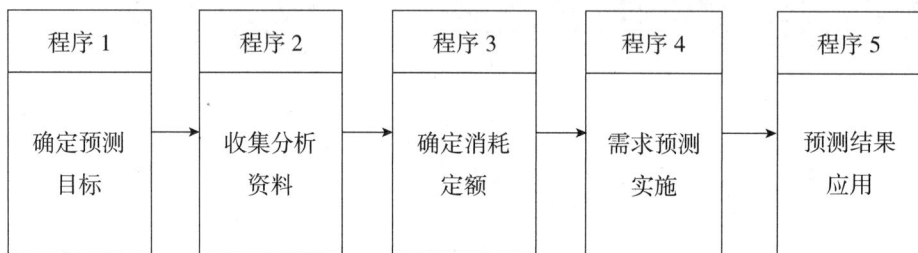

程序 1	程序 2	程序 3	程序 4	程序 5
确定预测目标	收集分析资料	确定消耗定额	需求预测实施	预测结果应用

图2-1　生产物料需求预测的程序

（1）程序1：确定预测目标

物料需求预测人员依据生产总量进行预测，编制生产计划，确定预测目标。

（2）程序2：收集分析资料

物料需求预测人员根据选定的预测目标，尽可能全面地收集与预测目标有关的各种资料，并进行认真的分析、整理和选择。

（3）程序3：确定消耗定额

物料需求预测人员通过对相关资料的分析，对产品原材料、工艺损耗、各种辅助材料等内容进行定额计算。

（4）程序4：需求预测实施

物料需求预测人员运用需求预测工具测算计划期内各物料的需求量、计划回收物料可用量、实际需求总量等内容。

（5）程序5：预测结果应用

物料需求预测人员根据物料需求预测结果制订相应的生产或经营管理计划，并应用于实际生产或经营管理的过程，以实现生产或经营管理的目标。

2.3.2　生产能源需求预测的要点与程序

工厂进行生产能源需求预测可以了解能源的分布情况、能源的结构和生产能力的变化趋势，从而保障能源安全，避免出现能源短缺或者能源价格过高的情况。

1.生产能源需求预测的要点

（1）能源消费总量预测

能源消费总量预测是生产能源需求预测的基础。工厂需要根据内部发展规划、产业结构调整情况、能源政策等因素，预测能源消费总量的变化趋势。

（2）能源结构预测

工厂需要根据产业结构调整、技术进步等因素，预测能源消费结构的变化趋势，特别是新能源、清洁能源的消费比例。

（3）能源生产预测

能源生产预测是保证生产能源需求的关键。工厂需要根据能源资源分布、技术水平、生产能力等因素，预测能源生产能力的变化趋势，特别是对新增生产能力的影响。

（4）能源价格预测

工厂需要根据能源政策、市场供需情况、能源进口情况等因素，预测能源价格的变化趋势，特别是价格变动对生产能源需求的影响。

（5）能源替代品预测

能源替代品是影响生产能源需求的重要因素。工厂需要根据技术进步、市场需求等因素，预测能源替代品的发展趋势，特别是对传统能源的替代程度。

2.生产能源需求预测的程序

生产能源需求预测的程序如图2-2所示。

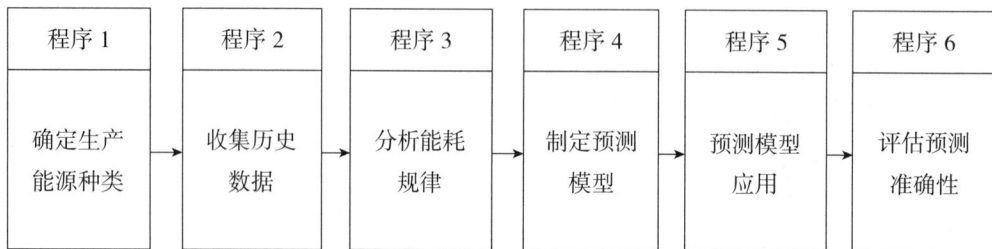

程序 1	程序 2	程序 3	程序 4	程序 5	程序 6
确定生产能源种类	收集历史数据	分析能耗规律	制定预测模型	预测模型应用	评估预测准确性

图2-2　生产能源需求预测的程序

（1）程序1：确定生产能源种类

生产能源需求预测人员首先需要确定生产过程中涉及的能源种类，包括电力、天然气、燃油等，其次确认各类能源的用途。

（2）程序2：收集历史数据

生产能源需求预测人员收集过去一段时间内生产过程中所需的能源数量和相关的生产数据，包括生产设备数量和规格、产量、生产周期、生产能耗等。

（3）程序3：分析能耗规律

生产能源需求预测人员根据收集到的历史数据进行分析，掌握生产过程中的能耗规律，分析影响能源需求的主要因素。

（4）程序4：制定预测模型

生产能源需求预测人员根据分析结果和统计学知识，制定合适的能源需求预测模型，可使用时间序列分析、回归分析等方式制定预测模型。

（5）程序5：预测模型应用

生产能源需求预测人员应用预测模型对未来一定时间内的能源需求进行预测，并根据实际生产情况进行调整和修正。

（6）程序6：评估预测准确性

对预测结果进行评估和验证，根据预测结果与实际情况的偏差程度，调整下一次预测中的模型和算法，提高预测准确性。

2.3.3　生产资金需求预测的要点与程序

生产资金需求预测通过合理的评估未来生产资金需求情况，可以制订更加科学、合理的融资计划，为工厂生产计划费用的确定和资金筹措提供参考，以避免资源浪费和资金断流等问题，同时有利于工厂的资金运作和业务拓展。

1.生产资金需求预测的要点

（1）确定生产经营周期

首先要确定工厂的生产经营周期，即从原材料采购到产品销售的整个周期的时间。不同产品和生产周期的工厂生产资金需求不同。

（2）估算生产成本

对生产过程中的各项成本进行估算，包括原材料成本、工资、房租、水电费等，以及可能出现的风险成本，如损耗、延误、维修等成本。

（3）预测销售额

通过市场调研和历史销售数据等获取可靠的销售额预测数据。销售额预测数据将直接影响生产资金需求的预测。

（4）确定资金流动

考虑工厂货币资金的具体流动情况，包括资金来源、资金支付周期、付款延误率等。这对生产资金需求预测的准确性至关重要。

（5）确定资本结构与资金市场

对工厂资本结构、金融市场情况、工厂信誉度等进行综合分析，以便制定合理的融资方案，应对不同的市场情况。

（6）预测利润

估算工厂的利润情况，包括生产成本、销售额、税费等，并结合经营情况和市场形势等因素，预测工厂未来可能的利润变化，以便制定更加合理、科学的资金预算方案。

2.生产资金需求预测的程序

生产资金需求预测的程序如图2-3所示。

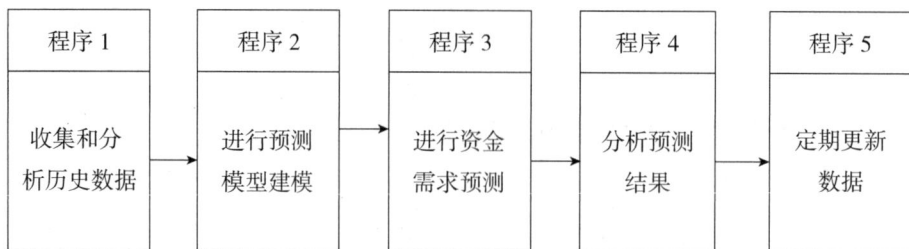

图2-3　生产资金需求预测的程序

（1）程序1：收集和分析历史数据

生产资金需求预测人员收集工厂过去几年的财务报表和相关项目数据，如生产成本、销售情况、库存水平、采购价格和应付账款等。基于这些历史数据，可以分析生产资金需求及其变化趋势，确定资金需求预测的时间段。

（2）程序2：进行预测模型建模

生产资金需求预测人员基于历史数据，建立预测模型。预测模型需要涉及统计学方法、趋势分析等，包括多种变量，如销售数量、利润率和应付账款等，进行趋势和因素分析后可选择合适的模型和相关变量进行确定。

（3）程序3：进行资金需求预测

结合历史数据和预测模型，得出未来一段时间内的生产资金需求。预测结果应该能够体现工厂的特点和实际运营情况。

（4）程序4：分析预测结果

对预测结果进行分析，包括预测结果之间的关系、不确定性和风险等，并对预测结果进行解读。通过对预测结果进行分析，可以提出相应的建议和改进措施，以使预测结果更加精准和可靠。

（5）程序5：定期更新数据

定期更新历史数据，通常是每个季度或每半年更新一次，以便更好地反映实际情况。通过定期更新数据，可以更好地了解和控制资金需求，并及时采取调整措施，以适应经营环境的变化和需求的增长。

2.3.4　生产的物料、能源、资金需求准确性预测办法

为了工厂能够制订有效的生产计划和采购计划，提高生产效率和产品质量，避免

出现生产缺口和能源短缺的情况，也为了工厂能够更好地预测未来能源需求，制定更加科学合理的能源战略，工厂需要准确预测生产的物料、能源与资金需求。

生产的物料、能源、资金需求准确性预测办法

第1章 总则

第1条 目的

为了改善需求不确定性、物料和生产能源短缺及生产资金不足等问题，提高工厂的生产效率、降低生产成本，更好地控制资源的使用，更好地满足市场需求，特制定本办法。

第2条 适用范围

本办法适用于工厂的生产物料、能源与资金的需求预测管理。

第2章 生产物料准确性预测措施

第3条 建立数据模型

1.需求预测人员应基于过去的销售数据、库存数据、采购数据等，通过时间序列分析及回归分析等方法，发现数据间隐藏的关系从而进行需求预测。

2.需求预测人员在数据模型的基础上加入生产计划、销售计划等信息，建立物料需求预测系统，综合运用正反馈系统和负反馈系统的原理，使模型更为准确。

第4条 追踪和优化生产计划

生产计划和物料需求之间密不可分，因此在追踪生产计划的同时，需要关注物料需求的波动情况，随时进行调整。为此，建议采用敏捷生产的理念，掌握实时的在制品库存水平，及时调整产出量及生产进度，避免物料库存过多造成工厂资金紧张。

第5条 定期分析物料

需求预测人员应定期针对物料的使用情况、客户的服务需求及供应商的物料价格等因素进行分析，并根据分析结果调整物料需求预测值，以确保生产线的正常运转，减少过度库存造成的费用浪费问题。

第6条 利用供应链进行管理

1.通过统一的供应链管理系统，了解原材料的供应情况，掌握生产物料的库存情况及能源的供应状况，从而较为准确地预测未来的需求状况。

2.及时与供应商联系，根据市场变化和实际需求调整采购计划，及时补充物料的

库存，以减少由于供应不足而导致的生产停滞的风险。

第3章　生产能源准确性预测措施

第7条　生产数据预测

在预测生产能源需求量时，分析设备及工序的历史数据，制定一个更加适合实际情况的预测模型。同时，结合生产计划，预测周期的影响，尽可能减少计划变更的次数。

第8条　优化能源管理

为了更好地管理资源和升级标准，工厂应逐渐实施能源节约措施，提高资源利用率，减少因能源浪费造成的生产成本增加。开发新型生产能源，使生产能源使用更加科学和有效。

第9条　优化技术与工艺

1.采用先进的技术手段，如物联网、大数据分析等，实时监测物料、能源和资金的使用情况，根据实时的数据反馈，及时调整生产计划、订单、采购等方面的决策。

2.优化设备工艺和生产流程，采用智能化、自动化和科技含量高的设备和生产流程，使工厂生产和运营能够更加稳定，不影响生产进度和产品质量。

第10条　增加节能技术的使用

采用节能技术来降低运行成本，包括改进生产流程、优化机器设备、使用智能控制系统和监控能源等。

第4章　生产资金准确性预测措施

第11条　组建跨职能团队

生产资金需求预测工作涉及多个部门，需求预测人员可以组建一个跨职能团队，多方位地集思广益，优化资金管理方案。

第12条　从投资和流动资产入手

需求预测人员针对工厂的实际情况，需要将投资收益和流动资产需求相结合，制定一个灵活的方案，以应对不同情况下的生产需要。例如，合理配置工人的劳动力资源，尽可能延长设备的使用寿命，压缩制造成本和库存成本。

第13条　优化资金管理

工厂应采用现代化的资金管理方法，监控现金流量，并优化资金回收和财务管理等，以确保工厂资金的流动性、安全性和盈利性。

第14条 提前准备充足资金

需求预测人员需要充分考虑行业和市场变化的不确定性和风险性,增加资金的储备量,并通过银行和金融机构的合作实现资金的优化配置,以更好地支持工厂的生产计划。

第5章 附则

第15条 编制单位

本办法由生产部负责编制、解释与修订。

第16条 生效日期

本办法自××××年××月××日起生效。

2.4 生产的时间、周期、人员预测

2.4.1 生产时间需求预测的计算方法

为了在生产计划阶段对生产周期进行合理规划,制定生产排期和生产计划的具体时间表,避免在生产过程中因各种原因导致的生产延误或周期延长等问题,工厂需要运用不同的方法对生产时间进行需求预测。

1.理论生产时间法

理论生产时间法是基于产品量、工艺路线、工序时间及设备开动率等指标,以最短生产周期的条件来计算生产时间。

计算公式:生产时间=最短生产周期×生产批量

2.经验时间法

经验时间法是根据工厂以往的生产经验和数据来预测生产时间。对于同类型产品的生产,工厂可以按照经验数据来预测生产时间,从而加快预测速度,减少成本。

计算公式:生产时间=生产数量×平均生产时间

3.步骤时间法

步骤时间法是基于生产工艺流程中的每个步骤的时间来计算生产时间。该方法通过统计每个工艺步骤的完成时间来确定产品生产时间。

计算公式：生产时间=工艺步骤时间+等待时间+检验时间+运输时间

4.目标时间法

目标时间法是根据工厂制定的生产目标来预测生产时间。工厂根据市场需求和资源情况确定生产目标，然后在生产过程中按目标计算生产时间。

计算公式：生产时间=生产目标量÷设备效率

生产时间需求预测的计算方法需要针对不同的工厂和生产工艺选择合适的方法。而且，在计算时还要考虑多种因素的影响，如人力、设备、材料等，以确保预测的准确性。

2.4.2 生产周期需求预测的计算方法

为了帮助工厂降低库存积压的风险，避免因为缺货或库存不足而导致的生产中断或延误，让工厂有更多的时间来调整生产计划，从而提高生产效率、降低生产成本，工厂需要应用不同的方法计算产品的生产周期。

1.时间序列分析法

时间序列分析法是基于历史数据的统计分析方法，通过对历史数据中销售额、生产量等数据的对比，来确定产品生产周期需求的规律性变化趋势。

该方法可以使用平均数、滑动平均数、指数平滑法、趋势法、周期法等进行计算。

2.趋势分析法

趋势分析法是利用趋势的变化规律对未来进行预测。首先需要确定趋势的类型，然后采用曲线拟合、自回归模型等数学分析方法分析趋势的变化规律，进行未来预测。

3.市场调研法

市场调研法通过对消费者订单、购买意向等多方面进行调研，结合竞争对手、市场发展趋势等方面的分析，综合判断未来市场的需求，以此推断产品生产周期需求。

2.4.3　生产人员需求预测的计算方法

生产人员需求预测是工厂生产计划的一项重要任务，通过对未来市场、客户产品需求及产品生产流程等多维度的研究和分析，按照一定的计算方法，便可较为准确地预测出未来的生产人员需求。

1.经验预测法

经验预测法是指用过去的经验来推测工厂未来的人员需求，将未来工作量转化为人力需求的预测方法，根据每一产量增量估算劳动力的相应增量。

经验预测法主要依靠管理者的个人经验和能力，适用于短期预测，可以通过多人综合预测或查阅历史记录等方法提高预测的准确率。

2.工作负荷法

工作负荷法是按照历史数据，先算出某一特定工作每单位时间每人的工作负荷，再根据未来的生产量目标计算出需要完成的总工作量，然后根据前一标准计算出所需的生产人员数量。

计算公式：人员数量=总工作量÷工作负荷

3.趋势预测法

趋势预测法是根据工厂过去几年的员工数量，分析它在未来的变化趋势，并以此来预测工厂在未来某一时期的人力资源需求量。

应用趋势预测法应先确定组织中与劳动力数量和结构关系最大的影响因素，然后找出这一因素随员工数量的变化趋势，由此推算出将来的趋势，从而得出未来劳动力的需求量。

趋势预测法具有较大的局限性，多适用于经营稳定的工厂或者作为工厂人力资源需求分析过程的初步分析。

4.多元回归预测法

多元回归预测法是一种从事物变化的因果关系来进行预测的方法，需要将多个影响因素作为自变量，根据多个自变量的变化来推测与之有关的因变量变化，确定人力资源需求随各因素的变化趋势后，就可推测出将来的数值。

5.标准工时法

标准工时法是通过对已有生产人员的生产工时、加班情况进行统计，并计算出一个平均标准工时，来推算未来生产人员的需求情况的方法。

计算公式：生产人员数量=标准工时×生产时间

2.4.4　生产的时间、周期、人员需求准确性预测方案

为了帮助工厂更加科学地规划生产资源，合理安排各项生产活动，提高资源的利用效率，充分利用生产时间和生产人员，提高生产效率，增加产品供给，提高工厂的业务拓展能力，工厂应及时制定生产的时间、周期、人员需求准确性预测的方案。

生产的时间、周期、人员需求准确性预测方案

一、目的

帮助工厂制订合理的生产计划，准确预测生产需求，合理规划生产周期，避免因生产能力不足或人员不足而导致的生产延误或缺货。

二、生产时间准确性预测

1.预测思路

（1）历史数据分析。根据历史生产数据，进行预测分析。

（2）市场需求分析。根据市场需求，预测产品销售状况，从而预测生产时间。

（3）决策依据。通过对多种预测结果进行综合分析，选择最优方案。

2.计算指标

（1）订单量。通过对历史订单量的分析，预测未来生产任务的规模。

（2）生产效率。通过对历史生产效率的分析，预测生产工期和生产效率。

（3）库存量。通过对历史库存量的分析，预测未来的需求量和库存量。

3.实施措施

（1）历史数据的分析与挖掘。

通过收集和整理过去一段时间内的生产数据，探索数据中的潜在规律，进而进行生产总时间的预测，可以根据不同的生产流程设计不同的预测模型。

在分析历史数据时，可以结合外部因素，如市场需求和行业趋势，通过数据挖掘技术，挖掘出数据中的潜在信息，提高预测准确性。

（2）引入自动化预测。

应用市场上商业化的预测软件进行生产总时间的预测，将历史数据导入这些需求预测软件中进行自动预测，减少计算时间，增强生产决策的快速性和准确性。

（3）部门协作。

拟订生产计划时，应充分考虑各种因素的影响，如材料供应周期、工艺工程周期等。生产部门应该与采购部、供应商管理部等其他相关部门切实协作，密切关注库存水平，确保正常零部件供应。

4.偏差分析

（1）偏差产生原因。

①销售计划的不准确。销售计划是制订生产计划的基础，如果销售计划不准确，即使生产计划制订得很好，生产时间需求预测也将出现偏差。

②人力资源管理不当。人力资源的分配和管理不当，团队组织结构不合理，存在人员缺失或人员错配等情况，都会导致生产时间需求预测出现偏差。

③设备运行效率下降。生产设备运行效率和质量差异都会导致生产时间需求预测出现偏差。例如，设备出现故障、维护不当等，都可能影响设备的正常运行，从而影响生产时间预测的准确性。

（2）偏差改善措施。

①提高销售预测准确性。利用精细化的销售计划和市场调研等，提高销售预测的准确性，确保生产计划能够与市场需求相符合。

②优化人力资源管理。人员的安排、任务的分配、岗位职责等都需要重新调整分配，还需建立有竞争力的团队组织，提高员工素质，增强员工意识。

③加强设备维护和管理。设备管理团队需要加强对设备故障的管理，要经常检查、检测和维护设备，避免生产设备运行效率下降，对于设备陈旧、品质下降等问题进行处理，以保证设备的正常运行。

三、生产周期准确性预测

1.预测思路

（1）市场需求分析。根据市场需求，预测产品的销售情况，从而预测生产周期需求。

（2）历史生产数据分析。分析历史生产周期数据，建立生产周期预测模型。

（3）预测结果分析。综合分析多种预测结果，选择最优方案。

2.计算指标

（1）未来销售量。通过对市场需求的分析，预测未来的销售情况。

（2）生产效率。分析历史生产效率，预测未来生产效率。

3.实施措施

（1）充分考虑市场需求。

生产周期的预测要充分考虑市场需求的变化，以预测生产周期。对未来一段时间市场需求的预测，可以通过收集外部市场信息，如行业数据等，综合分析市场需求，提高生产周期预测的准确性。

（2）人工干预。

有时候直接依据历史数据和市场需求进行预测很难保证精度，这时候可以适当地引入人工干预。根据经验、管理、技术等综合分析当前局势下的生产周期，进一步提高预测精度和可靠性。此外，确保准确和及时地更新数据也是提高预测准确性的关键环节。

（3）因素分析。

通过对内部和外部因素的分析，可以较为精确地预测生产周期，如对原材料采购周期的预测，需要考虑原材料供应商的交货期和物流配送时间等外部因素，通过对内外部因素的预判，能够更准确地预测生产周期。

4.偏差分析

（1）偏差产生原因。

①市场需求变化。市场需求的变化会影响生产周期的需求预测准确性，市场变化越大，生产周期需求预测的偏差也越大。

②生产过程管控不足。生产周期受到整个生产过程的影响，如果生产过程管控不足，如原材料采购、生产计划编制、制造过程管控等环节出现问题，会导致生产周期需求预测出现偏差。

③供应链管理不完善。如果供应链管理不完善，如供应商晚送货、物流出现问题等，都会影响生产周期需求预测的准确性。

（2）偏差改善措施。

①加强市场调研和分析。通过市场调研，了解市场需求和趋势，对市场变化进行分析，并及时调整生产周期的需求预测，以提高预测准确性。

②建立严格的生产过程管理制度。生产过程管控不足是引起生产周期需求预测误差的主要原因之一，应采用先进的生产计划编制工具和管理模式，对物料、人员、设备和质量等方面进行管控，来实现生产过程的完美运营。

③加强供应链管理。对供应链的问题要及时分析，保证原材料准确无误地到达生产线，并配合生产计划完成生产，同时合理规划库存储备，提前联系口碑良好的物流工厂，从而保障生产周期预测的准确性。

四、生产人员准确性预测

1.预测思路

（1）历史数据分析：收集生产过程中的历史数据，根据以往经验和业务增长情况，预测未来所需的生产人员数量。

（2）任务需求分析：根据当前生产任务，综合评估所需的人力投入，确定未来的生产人员需求。

（3）制定决策：根据综合分析结果，制定最优的工作方案，以提高生产效率和缩短生产周期。

2.计算指标

（1）生产任务量：通过对历史生产任务量的分析，预测未来生产任务量的规模和需求。

（2）人均效率：根据生产任务量和历史人均效率，预测未来生产效率。

（3）员工流动：分析员工流动情况，预测未来的招聘和培训需求。

3.实施措施

（1）专业管理模型。

在预测人员需求时，可以根据员工配备的专业性质建立专业管理模型，以便更好地预测未来的人员需求。例如，销售部门的人员与销售额相关，而户外技术部门的人员则与业务拓展和解决技术性问题相关，依据各部门的专业性质，建立有效的管理模型，可以更精确地预测人员需求。

（2）成本效益分析。

生产人员需求预测也要考虑到工资和人员培训成本，可以利用成本效益分析方法，为规划预测提供必要的衡量依据。在进行工资成本分析时，需要考虑到人力资源市场情况、高端人才的推动情况及工厂内部的收入分配情况，以便更准确地预测人员需求。

（3）生产环节分析。

生产环节分析预测是指将生产流程根据技能要求分步分析，再逐步完善预测过程。通常，预测生产环节采用模拟法迭代，这种方法准确性较高，可以更好地预测未来的人员需求。

4.偏差分析

（1）偏差产生原因。

①数据质量问题。预测模型的建立和数据质量是影响预测准确性的重要因素。数据精度低、数据来源不准确等问题都会影响预测的准确性。

②预测模型问题。预测模型的选择、参数设定等因素也会影响预测效果。模型选择不合理、模型参数设置不恰当等，都会产生预测偏差。

③外部环境因素。生产人员需求的预测受到外部环境的影响，市场变化、政策因素等可能导致预测偏差。

（2）偏差改善措施。

①保障数据质量。收集数据时需要保证数据来源准确可靠，数据操作和处理需要保证准确无误。

②优化模型。通过对建立的预测模型进行评估和优化，对特征选择、模型参数、训练数据等方面进行调整，提高预测的准确性和稳定性。

③完善预测机制。建立一套完善的需求预测机制，及时获取市场、政策等外部环境信息，建立全面的预测模型，以更精准地预测生产人员的需求。

④灵活调整生产计划。对于预测误差较大，需求变化较快的领域，需要根据实际情况灵活调整生产计划，及时适应市场变化。

2.5　生产的设备、工艺、技术需求预测

2.5.1　生产设备需求预测的要点与难点

生产设备需求预测的要点在于建立市场需求预测模型、采集全面的市场信息、根

据产能规划和生产计划制订设备配置计划等；难点在于市场波动性、技术变化的不确定性、数据不充分等。

只有充分考虑到生产设备需求预测的要点和难点，工厂才能更好地进行生产设备的需求预测和规划。

1.生产设备需求预测的要点

（1）建立市场需求预测模型

市场需求预测模型是指利用历史销售数据和市场变化趋势，通过一些方法和技术来建立一个可靠的市场需求预测模型。市场需求预测模型可以预测未来市场的需求量，并制订合理的生产计划和设备投资计划。

（2）采集全面的市场信息

在预测市场需求的过程中，需要采集全面的市场信息，包括市场容量、竞争情况、产品趋势、客户反馈等。只有充分了解市场信息，才能够精准地预测市场需求，更好地制订生产计划和设备投资计划。

（3）根据产能规划和生产计划制订设备配置计划

根据预测的市场需求和产能规划，制订生产计划和设备配置计划，确定需要更新的设备和技术，并制订相应的采购计划。

（4）了解技术趋势与市场需求

明确技术发展趋势，了解相关市场需求，预测未来设备的技术特点，才能识别能代表未来发展的技术，为预测过程提供有力支持。

2.生产设备需求预测的难点

（1）市场波动性

随着市场的变化和发展，市场需求和行业变动可能会影响生产设备的需求，且可能使多种需求并存，需要及时调整预测模型。

（2）技术变化的不确定性

随着生产技术的发展，新的生产技术带来了更多设备的需要，同时旧设备的需求量也会随之变化，此时工厂设备更新的时间和频率也会产生变化，预测这些变化也是一个难点。

（3）数据不充分

设备需求预测模型的成功建立需要大量历史数据的支持，对数据质量的要求非常高，如果获得的数据不太完整或质量不够好，就可能对预测结果产生不利影响。

（4）产品生命周期的预测难

每种产品的生命周期都是不同的，从研发到市场的推广和普及，需要考虑不同阶段产品的产能和设备要求的变化，这是工厂难以预测生产设备需求的因素之一。

2.5.2　生产工艺需求预测的要点与难点

生产工艺需求预测是生产计划的重要组成部分。工厂通过对未来市场、客户需求及产品生产流程等的研究与分析，可以制订出更加准确的生产计划，实现生产过程的优化，提高工厂的竞争力。

1.生产工艺需求预测的要点

（1）综合考虑影响因素

生产工艺需求预测需要综合考虑市场需求和产品生产过程中所有的必要要素，包括设备、材料、人力和时间等。对这些要素进行全面和细致的分析，才能确保生产过程的顺畅和高效。

（2）捕捉市场需求变化

正确获取并分析市场需求是生产工艺需求预测的关键，工厂需要准确捕捉市场需求的变化及趋势，及时调整生产计划并采取适当措施，对市场趋势、技术进步、政策变化等进行前瞻性分析，为未来的生产工艺需求做出预测和规划。

（3）建立数据模型

建立数据模型对模型技术手段的应用十分关键，工厂需要分析市场需求数据，并运用现有数据模型将之进行归纳和推算，以预测未来市场需求。

2.生产工艺需求预测的难点

（1）数据的不确定性

生产工艺需求受到多种因素的影响，包括市场需求、生产能力、政策法规、人员和管理等，这些因素存在不确定性，从而使得预测结果存在一定的不确定性。

（2）模型的复杂性

需求预测模型通常包括多个参数和变量，如产品生产过程中的各项参数、资金、库存等，工厂需要对模型进行复杂的计算和推导，这增加了模型的复杂性和计算难度。

（3）预测的时效性

生产工艺需求预测需要及时掌握市场需求变化情况，因此预测结果对时效性要求比较高。

2.5.3　生产技术需求预测的要点与难点

生产技术需求预测是现代工厂管理中的重要环节，对生产技术进行需求预测可以帮助工厂更好地制订生产计划，从而提高生产效率。

1.生产技术需求预测的要点

（1）分析技术趋势

根据行业最新的技术发展趋势和市场需求，对技术需求进行前瞻性分析，以对未来的技术需求进行预测。这需要关注新技术的研发和应用进展，识别新技术的市场潜力，进而预测未来该领域的人才需求。

（2）提高生产技术的自动化程度

通过提高生产技术自动化程度，实现生产设备与技术的无缝衔接，确保生产自动化、智能化和高效化，更好地满足客户需求。

（3）建立数据挖掘系统

收集历史技术使用情况、员工能力、市场需求、技术创新等数据作为预测模型，通过建立完善的数据挖掘系统和存储的分析方法，提高数据管理能力和数据应用效率，进而更好地预测需求、生产计划等相关指标。

（4）跟踪生产技术的研发情况

根据生产技术的发展方向和市场需求，确定生产技术的研发重点、研发方向、研发目标等内容。在生产技术研发过程中，评估技术的可行性和实际效益，确保技术研发的成功率和经济效益。

2.生产技术需求预测的难点

（1）不确定性

市场需求、新技术的发展和产业发展等因素都存在不确定性，预测中难以全面纳入所有因素进行量化分析，预测的精度和准确度都会受到影响。

（2）数据质量低

数据来源多样，收集的数据可能不全面、不准确、不一致等，数据的质量问题可能会导致预测结果出现偏差。

（3）技术变革影响

生产技术发展的周期较长，部分技术变革可能需要较长时间才能完全实现，因此在进行预测时也会增加准确预测的难度。

2.5.4　生产的设备、工艺、技术需求准确性预测方案

制定生产设备、工艺、技术需求准确性预测方案有助于工厂了解市场对产品和技术的需求，从而制订相应的生产计划和采购计划。通过准确预测设备和技术的需求，工厂可以提前调整生产流程，优化生产设备和工艺，从而提高生产效率，降低生产成本。

生产的设备、工艺、技术需求准确性预测方案

一、目的

应对市场需求变化，帮助工厂更好地规划生产计划、优化生产流程、降低库存成本、提高客户满意度等。

二、生产设备准确性预测

1.现状分析

现有生产设备＿＿＿台，空闲设备＿＿＿台，不足设备＿＿＿台。

2.预测思路

（1）历史数据分析：分析过去生产设备的使用情况和维修记录，从而推断未来的设备需求。

（2）市场需求分析：综合考虑市场需求、业务规模和产能，对未来的生产设备需求进行预测和评估。

（3）决策制定：综合分析以上信息，制订最优的设备采购和更新计划。

3.预测指标

（1）产能需求。根据历史生产量、市场需求和业务增长情况，预测未来生产产能需求。

（2）设备使用率。分析设备的使用率和运行效率，建立相应的预测模型。

（3）设备维护成本。对未来设备维护成本进行分析和估算，制订设备采购计划。

4.实施措施

（1）市场调研。

工厂需要对市场进行调研，了解产品的需求量和变化趋势。同时，还需要对主要竞争对手的生产设备进行分析，以更好地了解各种技术的发展方向和未来趋势，从而预测相应的产能。

（2）引进最新技术设备。

工厂需要关注生产设备制造技术的最新情况。对较老的设备应考虑更新，以增强工厂的竞争力，提高生产效率。针对那些需要大量人力和长时间完成的任务，如维护和清洗等，应考虑引进一些高科技智能化设备。

（3）定期保养。

在确保设备运行状态良好的前提下，工厂应该对生产设备进行定期保养，包括设备表面的清洗、紧固螺钉的检查及针对内部运行状态的维护等。这样可以延长设备的寿命和保证设备的使用效率，从而减少因设备故障造成的停机影响。

5.偏差分析

生产设备需求准确性预测的偏差分析主要是针对预测结果与实际结果相差较大的情况，对预测模型、数据采集和分析方法进行剖析和优化，以提高预测准确性和稳定性。

（1）偏差产生原因。

①订单变更频繁。市场变化和用户需求的变化，会导致订单变更频繁，使得生产设备需求的预测准确性较低，因此应该加强与客户的沟通，以及制订更灵活的计划，以减少因变更增加的劳动力和设备成本。

②生产设备老化。生产设备需要定期更换，生产设备的使用寿命必须与生产计划相一致，以确保设备能够满足未来需求。

③生产设备故障。设备故障也是生产设备需求预测出现偏差的原因之一，设备的故障会影响生产计划的制订和正确执行，因此应对设备进行有效的监控管理。

（2）偏差改善措施。

①提高销售预测的准确性。加强与销售团队的沟通，及时掌握用户需求，建立准

确的销售预测模型，并对销售变更进行及时调整。

②提高生产设备优化的能力。对生产设备进行维护和管理，提高生产设备使用寿命；运用科学技术手段，分析生产设备数据，优化生产设备；逐渐淘汰技术老旧的设备，实现设备的更新换代。

③加强生产设备塑化工艺。对故障率高的生产设备进行有效监控，对故障设备进行风险评估，及时对故障设备进行维修与更换，以保证正常的生产安全。

三、生产工艺与生产技术准确性预测

1.现状分析

目前工厂生产所应用工艺/技术为＿＿＿＿，为顺利开展项目，提高生产效率，节约生产成本，工厂还需引进＿＿＿＿工艺/技术与＿＿＿＿工艺/技术。

2.预测思路

（1）历史数据分析。收集生产过程中的历史数据，根据计划和增长情况，预测未来所需的生产工艺与生产技术。

（2）任务需求分析。根据当前和未来的生产任务，综合评估所需的生产工艺与生产技术，确定未来的需求。

（3）制定决策。根据综合分析结果，制定有效的生产工艺与生产技术应用方案，以提高生产效率和生产质量，缩短生产周期。

3.预测指标

（1）生产任务量。通过分析历史生产任务量，预测未来生产任务量的规模和需求。

（2）生产工艺类型。根据生产任务的性质和要求，预测未来所需的生产工艺与生产技术类型。

（3）技术更新需求。分析现有技术和科技革新的情况，预测未来技术更新和升级的需求。

4.实施措施

（1）工艺与技术优化。

需求预测人员需要通过对生产过程中的作业流程分析，识别出工艺与技术中存在的瓶颈环节，优化生产流程，降低生产成本。同时，通过对员工的培训和投入更先进的生产设备等措施，为产品生产提供更准确和高效的支持。

（2）引入先进的制造技术。

引入先进的制造技术，以提高生产效率，减少操作失误，更好地满足客户需求，从而提高需求预测的准确性。

（3）建立应急机制。

在生产过程中，不可预测的事情经常发生。因此，在建立工艺流程的同时，工厂还应该建立应急机制，以便及时面对来自供应链、原材料、突发情况等种种未知事件造成的影响。

（4）加强对技术人才的培养。

技术不断变化，对技术人才的培养也需要跟进。工厂应该持续加强对技术人才的培养，同时招聘更多的年轻技术人才，并加强培训，来适应不断变化的技术需求。

5.偏差分析

（1）偏差产生原因。

①工艺和技术的更新不及时。生产工艺和技术一直在不断发展，旧的工艺和技术可能已经过时，这会导致对工艺和技术的需求无法准确预测。

②需求变更频繁。在生产过程中，市场需求和顾客需求可能不断变化，这也会影响生产技术和工艺的需求，从而导致需求预测存在偏差。

③未能及时发现问题。在生产过程中，可能存在需要修改或调整的工艺和技术的情况，如果未能及时发现，也可能导致需求预测存在偏差。

（2）偏差改善措施。

①持续关注技术和工艺的更新，及时采用新技术和新工艺，放弃过时的技术和工艺。

②实行有效的技术和工艺管理。在生产过程中，应设置专门的技术和工艺管理团队，负责发现、分析和解决工艺和技术问题，从而保证生产工艺和技术需求预测的准确性。

③提高生产计划制订的精确性。制订生产计划时，应根据实际需要和以往的成功经验制定详细的方案，结合预算和时限等，确保计划的可行性和精确性。

2.6　需求预测准确性管理精细化实施指南

2.6.1　需求预测准确性管理精细化实施要点

为了保障工厂的生产计划和物料采购计划能够有效地满足市场需求，同时避免出现产品过剩或短缺的情况，提高预测精度和准确性，帮助工厂顺畅开展供应链管理，需要明确需求预测准确性管理精细化实施的要点。

1.采集和分析市场数据

需求预测人员需要了解市场需求的趋势和客户需求变化情况，收集竞争对手信息，以便做出更加准确的预测。

2.库存管理

需求预测人员需要建立一个完善的库存管理系统，包括对物料和成品的库存监控、配送和调节，通过库存周转使库存达到一定的平衡，从而降低库存管理费用。

3.生产计划管理

需求预测人员需要提高生产计划的灵活性和敏捷性，使生产计划能够及时响应市场需求的变化，从而提高生产效率、降低生产成本。

4.整合供应链

工厂需要与供应商和客户建立紧密的联系，共同协作，提高预测的准确性。

5.建立需求预测质控体系

工厂要建立完整的质控体系，明确任务单、量化指标、质量标准等相关要求，对需求预测数据的准确性、全面性、及时性、可操作性等方面进行细致排查和核实。工厂还需建立需求预测的监管体系，监督并管理需求预测的实施，不断总结经验，完善和调整需求预测方案。

2.6.2　需求预测准确性管理精细化实施方案

需求预测对工厂规划、决策和资源配置起着至关重要的作用。准确的需求预测可以帮助工厂合理配置资源、提高生产效率、减少资源浪费；同时，还可以让工厂更好地适应市场环境的变化，避免错失商机和产生损失。

需求预测准确性管理精细化实施方案

一、背景

某工厂生产管理存在着生产计划预测准确性较低的问题，常常会出现过量生产、库存堆积等情况，同时也会出现生产不足、订单未能及时交货等问题，这对工厂的资产和声誉都有一定的损害，需要尽快引入有效的改进方案解决问题。

二、实施目标

（1）提高需求预测准确性和精度，避免生产过程中物料、能源、劳动力等资源的浪费。

（2）优化生产计划，提高生产效率和经济效益。

（3）改进内部管理流程，优化工厂运营模式，提高工厂竞争力。

三、实施人员

工厂设立专门的需求预测准确性管理小组，由市场部、生产部及技术部人员共同组成，负责市场调查、数据分析、数据建模、需求预测等工作。

四、实施流程

1.数据采集

需求预测准确性管理小组将有计划地从各个方面收集数据，包括市场销售数据、用户反馈数据、供应链数据、竞争对手数据等。

2.数据整理

获得数据之后，需求预测准确性管理小组将使用数据清洗和数据预处理技术，对原始数据进行整理和清理，确保数据的完整性、准确性和一致性。然后建立数据仓库，以便更好地进行数据分析和建立需求预测模型。

3.数据分析

需求预测准确性管理小组使用数据挖掘和统计分析技术，深入挖掘数据背后的规律，建立特征工程，识别和提取出影响需求的重要特征，并使用标准的算法和模型，如时间序列模型、回归模型等，对需求做出更为准确的预测。

4.建立需求预测模型

通过对数据进行处理、分析和建模，建立一个完善的需求预测模型。需求预测模型中主要包括如下算法：

（1）数据预处理算法：处理数据中的缺失值、异常值、离群点和重复值等问题。

（2）特征选择算法：识别和选择对需求预测模型最有影响的特征。

（3）模型选择和训练算法：选择合适的模型并进行训练、优化和调参。

（4）模型融合算法：对不同的模型进行融合，得出更为准确的预测结果。

5.需求预测结果数据输出

建立好需求预测模型之后，需要将需求预测结果输出。需求预测准确性管理小组可采用可视化技术，以直观形式呈现预测结果，如图表、统计分析、预测曲线等。同时，还应提供预测结果评估和分析报告，以帮助客户更好地理解预测结果。

6.数据修正

需求预测准确性管理小组将实际生产情况与预测结果进行对比，检测并修正预测模型，优化需求预测准确性管理方案。

五、保障措施

1.数据收集全面化

为了提高需求预测的准确性，需要开展全面的数据收集工作。需求预测人员需要运用市场调查、用户反馈、行业分析等方式收集历史生产数据、市场需求变化情况、产品畅销情况等多个方面的关键指标，并通过互联网和其他工具来获取和整合，从而形成完整的数据池。

2.数据交流和整合

为了使数据更精准、更有价值，需要对收集到的数据进行整合和深度分析。数据整合可以通过数据共享和数据协作平台实现，同时需要团队成员协同合作，共同研究和决策需求预测问题。

3.跨部门合作

工厂需要建立一个跨部门合作的机制，实现不同部门之间对预测结果的讨论与分享。各部门可以根据自己的特长共同研究预测结果，并对数据进行二次加工和分析，从而找出其中隐藏的特征和规律，为决策者提供科学、准确的预测依据。

六、预期成果

工厂在实施上述准确性提升措施后，生产计划预测准确性得到提升，生产资料使用效率和资源利用率得到提高，库存使用效率得到优化，生产效益明显提高。

03

生产产能核定、计划与优化管理精细化

3.1 产能规划

3.1.1 现有产能状况盘点与分析

为保证生产计划的有效进行，提高生产效率，降低生产成本，合理安排与调动现有资源，实现生产交期目标，工厂应对现有产能状况进行盘点与分析，以确定工厂产能。

1.现有产能状况盘点内容

现有产能状况盘点内容如图3-1所示。

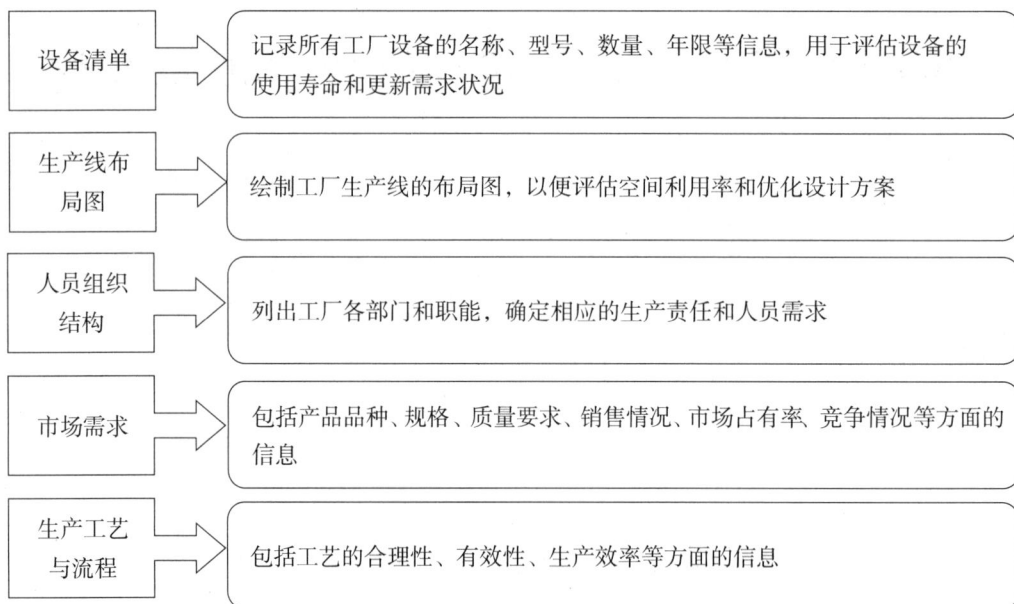

设备清单	记录所有工厂设备的名称、型号、数量、年限等信息，用于评估设备的使用寿命和更新需求状况
生产线布局图	绘制工厂生产线的布局图，以便评估空间利用率和优化设计方案
人员组织结构	列出工厂各部门和职能，确定相应的生产责任和人员需求
市场需求	包括产品品种、规格、质量要求、销售情况、市场占有率、竞争情况等方面的信息
生产工艺与流程	包括工艺的合理性、有效性、生产效率等方面的信息

图3-1　现有产能状况盘点内容

2.现有产能状况分析

现有产能状况分析如图3-2所示。

设备与技术分析	分析生产设备和技术水平是否能够满足目前和未来的市场需求，包括设备的使用效率、运行状态和故障率等，以及技术更新和改进的可能性和影响
瓶颈点分析	评估设备的利用率、能源消耗、设备停机时间、损失等情况，并提出改进建议
人力资源分析	分析工厂所拥有的人力资源数量和质量，特别是与产品质量和生产效率相关的关键岗位人员，包括培训和教育的情况，以及人员流动和绩效管理的情况
品质控制情况分析	通过过程监测、检验等方法，评估产品的质量控制情况，并提出相应的改进措施
生产过程分析	对生产过程进行深入分析，包括工艺流程、物流运输情况、生产周期、生产能力利用率等，以提高生产效率和降低生产成本

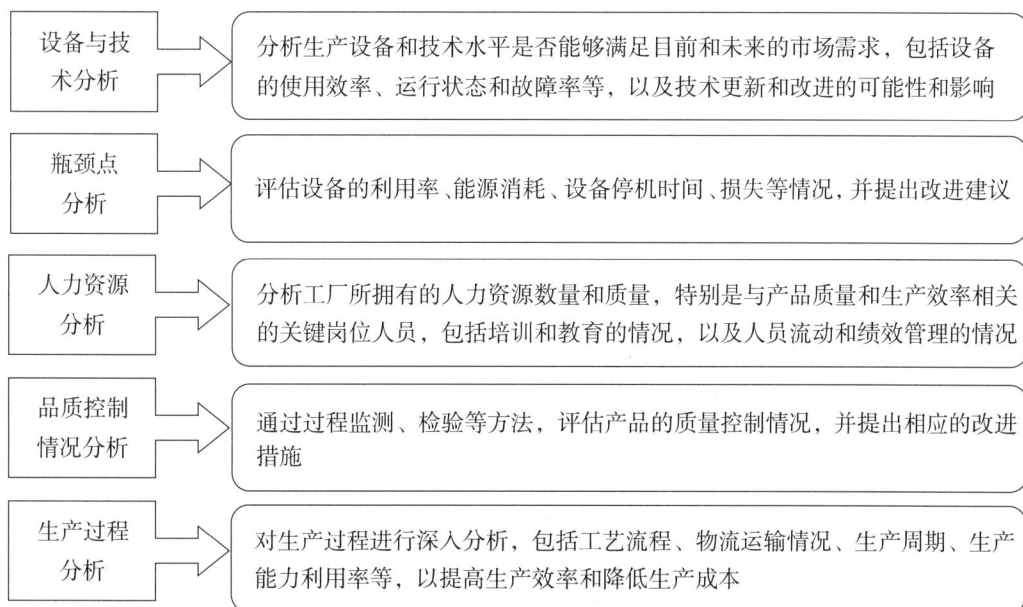

图3-2 现有产能状况分析

053

3.1.2 产能规划流程

工厂为了更好地分配资源，提高生产效率，降低生产成本，优化库存管理并及时响应市场变化，在考虑供应链管理、生产过程优化与成本效益的前提下，应及时进行产能规划。产能规划流程如图3-3所示。

部门名称		生产部	流程名称	产能规划流程
单位	生产部经理		产能规划员	相关人员
节点	A		B	C

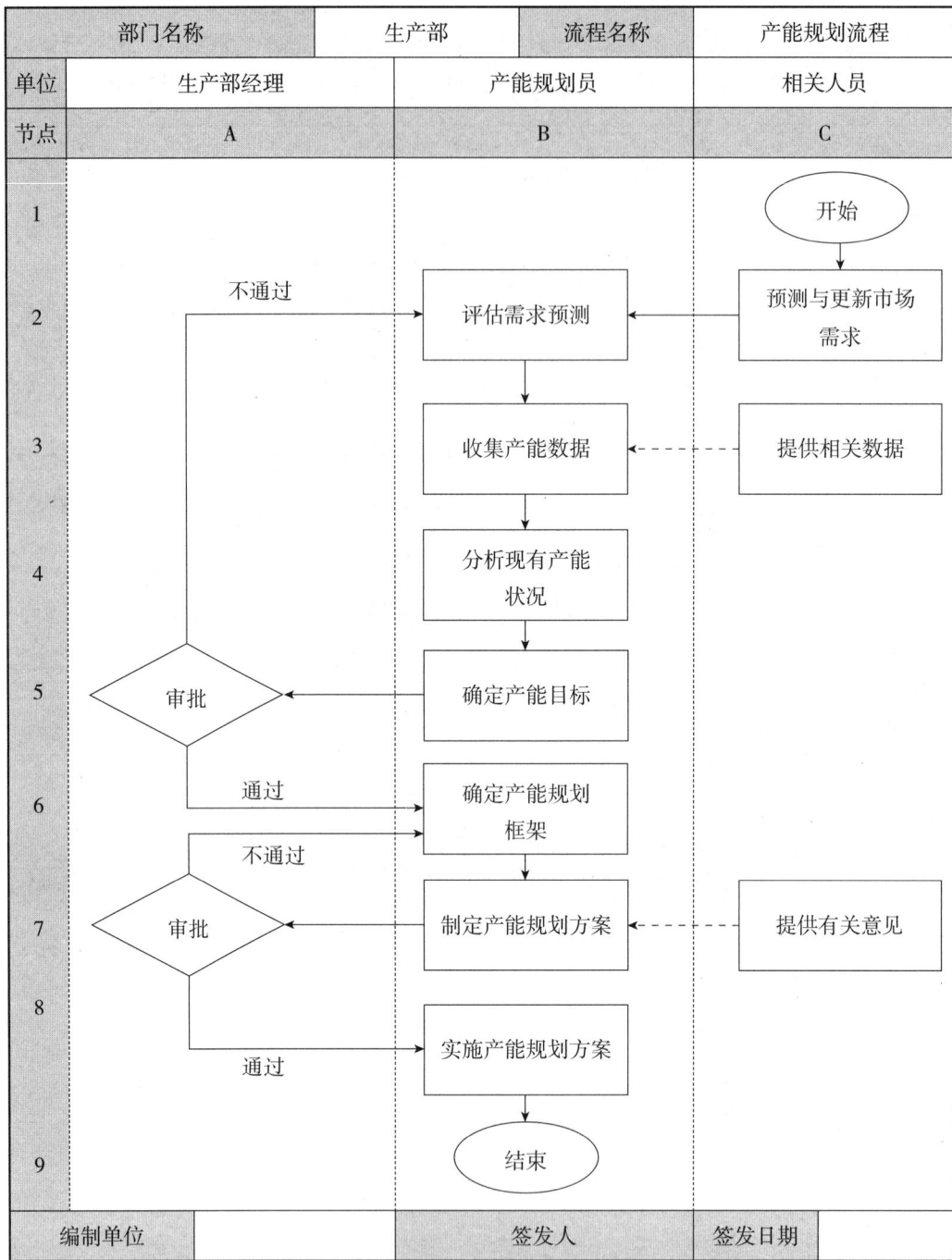

图3-3　产能规划流程

3.2 产能测算与核定

3.2.1 产能测算

为了充分掌握工厂的生产能力，为生产计划的编制与执行提供依据，提高生产计划的准确性与可操作性，及时准确地了解工厂各个生产环节和各类生产设备之间的比例是否恰当，工厂应对产能进行测算。

1.产能测算的依据

工厂产能通常分为四种：理论产能、定额产能、效率产能、进度产能。不同的产能有不同的测算依据，工厂在进行产能测算时，应注意结合使用，不同产能测算依据如表3-1所示。

表3-1 不同产能测算依据

产能划分	测算依据	具体解释	应用过程
理论产能	理论单产	理论单产是指单位时间内在不考虑设备与人员效率损耗的情况下，理论上可以生产的产品数量	在实际测算产能时，工厂要根据设备开机总数和流水线数量、每个月开工天数、每天开工班次、每班次工作时长等因素，采用加权平均法得出当月的理论产能。同理，以定额单产为依据得出定额产能，用定额产能乘以效率系数得出效率产能，在效率产能的基础上进行进度误差的调整，就可以得出进度产能。工厂将四种测算结果综合考量，得出最符合实际情况的生产能力
定额产能	定额单产	定额单产是指单位时间内考虑设备与人员效率损耗的情况下，可以达到的生产指标	
效率产能	效率系数	效率系数是指依据设备完好率、平均出勤率、定额超产率、正品率等生产指标得出的系数	
进度产能	进度误差	进度误差是指生产进度与计划进度之间的差距	

2.产能测算表

为简化产能测算工作，提升产能测算效率，实现对生产线工序的精准分析，工厂在进行产能测算时，应采用产能测算表来达到目标。产能测算表通常包括工序名称、标准工时、人员配置等内容，具体如表3-2所示，仅供参考。

表3-2　产能测算表

产品名称	产品编号	规格型号	计量单位	车间	生产线		文件编号	日期	
序号	工序名称	设备名称	实测作业时间（s/pcs）			平均工时（s）	标准工时（s）	人员配置（人）	宽放率（%）	评比系数
			测试1	测试2	测试3					
1	芯轴轧钢	油压机	5	3	4	4	4.62	1	10	1.05
2	抽绝缘槽纸	卧式绝缘插入机	2	2	3	2.33	2.70	1	10	1.05
3	末端测试	综合测试机	1	3	2	2	2.31	1	10	1.05
5	……	……	……	……	……	……	……	……	……

注：1.宽放率设定为10%；

2.评比系数设定为1.05〔评比系数=1÷（熟练度评价系数+努力度评价系数+稳定性系数+工作环境评价系数）〕；

3.标准工时=平均工时×评比系数×（1+宽放率）。

3.2.2　产能核定方法

为准确衡量工厂的生产能力，为生产计划的编制提供依据，确保产能核定的准确性，工厂在产能核定时应使用一定的方法，具体方法如下所述。

1.生产单一品种时产能的核定方法

（1）实验量法

若工厂只生产某一种产品时，产能的核定可使用该种产品的实物量，核定方法如下：

设备组生产能力 = 单位设备有效工作时间×设备数量×单位设备产量定额

或者：

$$设备组生产能力 = \frac{单位设备有效工作时间 \times 设备数量}{单位产品台时定额}$$

（2）生产面积法

当产品生产的产能取决于生产面积时，产能的核定方法如下：

$$生产面积的生产能力 = \frac{生产面积的有效利用时间 \times 生产面积数量}{单位产品占用生产面积} \times 单位产品占用时间$$

或者：

$$生产面积的生产能力 = \frac{生产面积数量 \times 生产面积利用时间}{单位产品占用生产面积时间定额}$$

（3）联动机单位时间法

①工厂生产的产品使用连续开动的联动生产时，生产能力一般采用下列的方法进行计算：

$$联动机单位时间生产能力 =$$

$$\frac{原料重量 \times 单位原料产量系数 \times 计算能力时间内联动机的有效工作时间}{原料加工周期的延续时间}$$

以及：

$$联动机生产能力 = 联动机单位时间生产能力 \times 生产时间$$

②在核定流水线的生产能力时，按流水线的有效工作时间和规定的节拍进行计算，具体核定方法如下：

$$流水线生产能力 = \frac{流水线有效工作时间}{节拍}$$

注：节拍是指流水线上两件相同制成品生产的时间间隔。

2.生产多品种时生产能力的核定

（1）代表产品法

若工厂生产多种产品时，产能的核定方法如下：

①选定代表产品：

在选定代表产品时，可选择工厂专业方向、产量较大、占用时间较长、占用劳动量较多、在结构与技术上均具有代表性的产品。

②计算代表产品的生产能力：

$$代表产品的生产能力 = \frac{单位设备有效工作时间 \times 设备数量}{单位产品台时定额}$$

③计算产品换算系数：

$$产品换算系数 = \frac{其余产品的台时定额}{代表产品的单位产品台时定额}$$

④将具体产品计划产量换算为代表产品产量：

$$具体产品换算后的产量 = 具体产品的计划产量 \times 换算系数$$

⑤计算各产品生产产量占全部产品产量的比重：

$$各产品生产产量占全部产品产量的比重 = \frac{各产品的生产数量}{总产量}$$

⑥计算具体产品的生产能力：

$$具体产品的生产能力 = \frac{代表产品的生产能力 \times 比重}{换算系数}$$

（2）假定产品法

若工厂生产产品品类较多，各品类在结构、技术、工艺及所需时间等方面差别较大，代表产品难以确定时，可以使用以下方法核定。

①计算假定产品台时定额：

$$假定产品台时定额 = \sum 具体产品台时定额 \times \frac{具体产品计划产量}{总产品计划产量}$$

②计算假定产品生产能力：

$$假定产品生产能力 = \frac{单位设备有效工作时间 \times 设备组的设备数量}{假定产品台时定额}$$

③计算各具体产品生产能力：

$$各具体产品生产能力 = \frac{假定产品生产能力 \times 具体产品计划产量}{总产品计划产量}$$

3.2.3　产能测算与核定管理办法

工厂在进行产能测算及核定工作时，应当制定产能测算与核定管理办法，以规范产能测算与核定行为，确保产能测算与核定的程序规范，保证最终结果的准确性与实用性。

产能测算与核定管理办法

第1章　总则

第1条　目的

为了进一步加强与完善工厂产能测算与核定管理，规范工厂产能测算和核定工作，提高生产效率和质量，保证产品的竞争力和市场占有率，特制定本办法。

第2条　适用范围

本办法适用于工厂的产能测算与核定工作的管理。

第3条　工厂在进行产能测算与核定管理时，需要遵循以下原则。

1.依法管理、依法生产。

2.加强安全保障力量，保障安全生产。

3.积极推动自主创新和技术进步。

4.提高生产设备利用率与回收率。

第4条　当工厂发生下列情形之一的，暂不进行产能测算与核定。

1.产品生产条件或通风、排水、供电等生产系统运行发生重大变化时。

2.生产工艺发生重大转变时。

3.产品储存条件或者原材料发生重大变化时。

4.其他生产技术条件发生重大变化时。

第2章　产能测算管理

第5条　测算依据

工厂应当依据理论产能、定额产能、效率产能及进度产能，结合市场需求和预期销售额，对产能进行测算。

第6条　数据来源

1.产能测算所需的数据应当来源于工艺、设备、材料、人力资源等方面，并且应充分考虑技术创新和设备更新的因素。

2.产能测算的数据必须准确、可靠、具有代表性。

第7条　测算周期

1.生产部相关人员应根据工厂的实际情况确定产能测算的周期，同时按照一定周期进行更新，确保测算数据的准确性和及时性。

2.测算周期可以依据生产计划的执行情况确定，也可以依据市场需求变动情况确定。

第8条　测算报告

1.生产部相关人员需要制定产能测算报告，报告中应包括测算数据、测算方法、测算周期等内容。

2.测算报告应在指定时间内提交有关人员审核。

第9条　测算检查

生产部经理应当定期实施检查与考核工作，对产能测算的数据进行抽样检测，确保其真实可靠，并将测算数据作为对生产部相关人员考核的依据。

第10条　测算奖惩

生产部经理依照产能测算检查结果，对有关人员进行奖惩。

第3章　产能核定管理

第11条　核定依据

1.生产部相关人员应当根据工厂实际生产情况、市场需求、生产资料等因素进行产能核定工作。

2.产能核定工作应全面有效，确保核定数据准确无误。

第12条　核定标准

生产部经理应根据不同产品的生产情况和市场需求，结合现有技术和设备水平，制定相应的产能核定标准，并进行定期调整和更新。

第13条　核定方法

1.生产部相关人员应按照工厂实际情况，采用适合的产能核定方法进行核定。

2.在进行产能核定时，为保证最终结果的正确性，可使用多种方法相互验证。

第14条　核定结果

产能核定的结果应当记录在工厂档案中，并根据需要进行公示，以提高工厂监督工作的透明度。

第15条　核定检查

1.生产部经理要对产能核定工作进行最终检查，确保最终数据及结果的正确性与可信性，并将检查结果作为对相关人员的考核依据。

2.可采用抽查的方式进行检查，以确保检查结果相对可靠。

第16条　核定奖惩

生产部经理应根据检查结果，对相关人员进行奖惩。

第4章　附则

第17条　编制单位

本办法由生产部负责编制、解释与修订。

第18条　生效日期

本办法自××××年××月××日起生效。

3.3　产能计划

3.3.1　制订产能计划

工厂制订合理、有效的产能计划，可以更好地掌握工厂各产品的产能，缓解生产速度、生产成本与生产交期的压力，解决生产计划与实际情况的差距，及时调整资源分配情况，获得更高的客户满意度。

××工厂产能计划

一、产品需求预测

产品需求是制订产能计划的基础。产能计划制订人员需要综合考虑市场趋势、客户订单、销售历史数据、经济环境等因素，来预估未来一段时间内产品或服务的需求数量。

例如，根据市场营销部统计，工厂2024年上半年平均每月可以销售A产品＿件，那么下半年的产能确定的标准是：市场上A产品的增长趋势、竞争对手的销售情况及消费者的偏好变化，根据以上标准预测未来几个月对A产品的需求。

二、评估现有产能

对当前的生产设施情况、设备情况、人力情况、生产时间等生产要素进行详细的评估，确定当前的最大产能。同时需要统计工厂中生产线的数量、每条生产线的生产速度、工人的工作班次和工作效率等。

（一）现有产能盘点

（1）设备清单。

（2）可用设备清单。

（3）生产线清单。

（4）生产线性能分析表。

（5）现有工人生产效率情况。

（二）现有产能测算

（1）现有生产线和人力生产能力评估。

（2）生产关键要素分析与评估。

（3）生产计划拟订。

（4）生产效率评估。

三、识别产能瓶颈

通过分析现有产能，找出限制生产能力提升的关键环节。确定是某一特定的机器设备、某个工序上熟练工人的短缺、某个时间节点（如旺季）无法大量生产、某种原材料的暂时短缺，还是供应链某个阶段会出现不可控的问题等。

四、制定产能策略

根据需求预测和现有产能的情况，确定调整产能的方式。

（1）通过增加新设备、扩充人力、改进工艺等方式来扩大产能。

（2）通过优化生产流程、调整工作时间、外包部分产品等手段来平衡产能与需求。

五、制订详细的产能计划

1.生产周期

（1）A产品每一批次生产周期为＿＿＿天。

（2）每周＿＿＿批次同时生产。

2.单位产能

（1）每个员工每小时平均生产＿＿＿件A产品。

（2）每批次单位产能为＿＿＿件A产品。

3.人员安排

（1）每批次安排＿＿＿名生产工人与＿＿＿名质检工人。

（2）每名员工每天工作＿＿＿小时。

（3）每名员工每小时生产＿＿＿件A产品。

4.设备安排

（1）使用哪些生产设备。

（2）设备故障保障措施。

（3）主要设备怠工应急预案。

5.生产线布置

采用流水线生产模式，＿＿＿条流水线同时进行生产。

6.月度产能计划安排

每月产能计划表如下所示。

表3-3　每日产能计划表

日期	生产批次	产品数量	单位产能	生产人员数	设备安排	生产车间
××月1日至××月10日	批次1	＿＿＿件	＿＿＿件每小时	＿＿＿名生产工人，＿＿＿名质检工人	切削中心	A车间
××月11日至××月20日	批次2	＿＿＿件	＿＿＿件每小时	＿＿＿名生产工人、＿＿＿名质检工人	切削中心	B车间
××月21日至××月30日	批次2	＿＿＿件	＿＿＿件每小时	＿＿＿名生产工人、＿＿＿名质检工人	切削中心	C车间

六、监控与调整

在产能计划实施过程中，持续监控实际产能情况与计划之间的差异，根据市场变化和实际生产情况的变动及时调整产能计划。

3.3.2　产能计划管理办法

清晰严谨的产能计划管理办法可以帮助工厂实现资源的有效利用，避免不必要的停机时间和库存堆积，提高生产效率，降低生产成本。

产能计划管理办法

第1章　总则

第1条　目的

为了进一步加强与完善产能计划管理，规范工厂产能计划工作，加强内部协调，提高生产效率和生产质量，保证工厂生产工作顺利进行，特制定本办法。

第2条　适用范围

本办法适用于产能计划的管理工作。

第2章　设备产能计划管理

第3条　确定设备产能目标

1.确定设备产能目标，包括生产数量、产出品质、生产周期等。

2.量化设备的生产方向和生产重点，满足产能计划。

第4条　评估设备产能

1.对设备的生产能力、设备的可用性和设备的生产效率等展开评估。

2.在评估设备的生产能力时，需要考虑其运行时间，以确定每台设备的生产能力。

3.评估设备的可用性时，需要了解设备日常的可靠性，预估生产停机时间和维修时间。

4.评价设备的生产效率时，需要参照制造书、工艺段位表等，分析设备的最大效率，进而评估设备产能是否满足需求。

第5条　设立产能监控机制

1.通过设立产能监控机制，实时跟踪生产设备的运作情况、生产速率、质量控制等数据，及时发现异常现象并进行调整，以确保生产目标的达成。

2.根据实时数据，及时制订调整计划或变更计划，尽量避免因设备故障或其他原因导致产能计划出现大的偏差。

第6条　制订灵活的生产计划

1.对设备产能计划进行管理的同时，还需要建立灵活、可调整的生产计划，以适应市场需求和订单调整的变化。

2.在制订生产计划时，应预留足够的时间进行调整和适应，以确保工厂有足够的灵活性和突发事件应对能力。

第3章　人员产能计划管理

第7条　确定人员需求

根据产能需求，确定需要的人员数量和人员的技能要求，同时需要考虑员工的福利需求和工厂的财务预算。

第8条　制订人力资源计划

根据产能需求和现有人员数量，制订人力资源计划，制订人员招聘、培训和开发计划，以及员工绩效评估方案和福利政策等。

第9条　优化岗位设计

1.根据产能计划，合理安排员工的工作内容和岗位职责，设计岗位绩效标准与考核指标。

2.通过设置合理的绩效指标，鼓励员工发挥自身优势，提高工作效率与产出能力。

第10条　合理设置工作时间

根据产能计划合理安排员工工作时间，如遇紧急订单生产情况，可采用"三班倒"工作方式，以增加人员产能。

第11条　提供技术支持

技术人员应对产能计划中出现的问题提供必要的技术支持，以提高生产效率和质量水平，从而更好地满足工厂的产能要求。

第4章　生产线产能计划管理

第12条　掌握生产线状态

1.持续关注生产线状态，通过数据与信息及时发现生产线中可能出现的故障点、影响生产线运行的因素及提高生产效率的改善点等。

2.采用物联网、云计算等技术，使生产线监控人员从任何地点、任何设备都能查看生产数据。同时，在生产线设备上安装物联网传感器使生产线监控人员实时监测设备状态和生产线在制品的相关信息。

3.生产线上的员工可通过观察生产线周围发出的声音、气味、振动、颜色变化等细节，及时处理可能出现的问题，并实时提交相应数据记录。

第13条　优化生产流程

1.精简工艺流程，优化生产过程，减少生产时间，提高生产线产能。

2.评估生产流程，找出不必要的步骤，如重复动作等，并提出提高生产线产能的建议。

3.不断寻找生产线中出现的问题，并提出改进措施。

4.定期检查经常出现的问题，并寻找解决方案，优化成本和时间。

第14条　进行技术升级

1.根据生产线的特性进行技术升级，如使用自动化生产设备、优化生产计划、实现物联网技术实时监测等。

2.引入技术升级不仅可以提高生产线的效率和产能，还可以降低生产成本，提高工厂的盈利能力。

第5章　总体产能计划管理

第15条　总体产能计划编制

1.生产部应根据设备产能计划、人员产能计划、生产线产能计划编制年度、季度和月度产能计划，编制时要明确考虑素材、工艺、生产力及成本的影响，科学分配产品产能，确保产能计划顺利实施。

2.编制年度、季度和月度产能计划时应考虑设备修理、设备保养、库存、物料到货时间等因素。

3.每月度和季度结束之前，应编制下一月度和下一季度的产能计划，并且依据实际情况随时调整和优化计划。

第16条　动态调整产能计划

1.生产部应根据不同时段的库存情况、销售情况，动态调整产能计划，确保产能计划的可控性和准确性。

2.各部门应在规定时间内上报相关数据以供产能计划调整。

第17条　总体产能计划执行流程

1.监控与反馈产能计划。

生产部根据产能计划进行生产安排，保证交货期限，并随时对生产进程进行监控和反馈。

2.管理物料采购与库存。

生产部根据生产进度，随时进行物料采购及库存管理。

3.保持设备运行。

生产部保持生产线设备状态良好，确保设备正常运转。

4.安排生产时间。

生产部根据生产情况，合理安排班次工作时间，保证连续生产。

5.调整产能计划。

（1）销售部与市场部应及时提供市场信息，配合生产部采取措施，提前调整产能计划。

（2）若产能计划发生重大调整，生产部应及时通知所有相关部门进行工作调整，保证计划的顺利进行。

（3）若产能计划有所调整，生产部应及时掌握变动情况，做好生产调整工作，并通知库存管理部调整计划库存。

第18条　总体产能计划执行要求

1.优化生产流程。

生产部结合市场需求情况，定期调整生产计划，不断优化生产流程，提高生产效率和产品质量。

2.合理管理库存。

库存管理部应密切关注库存数据，将实际情况及时通知生产部，生产部依据库存情况动态调整产能计划，实现合理库存管理。

3.产能评估。

（1）生产部应每月或每季度进行一次产能评估，形成评估报告，评估报告中应包括生产成本、产品效益、生产效率和生产质量等方面的评估。

（2）生产部结合评估报告，对产能计划进行必要的调整和优化，提高生产效能和经济效益。

4.设备保养。

（1）设备维修保养由专人负责，保证设备处于最佳状态。

（2）制订设备定期保养计划，保障设备按规定周期进行维护。

（3）设备故障时，应尽快报修、处理，以确保影响范围最小化。

（4）发现设备存在质量问题并无法在短期内修复时，应及时启动备用设备。

第6章　附则

第19条　编制单位

本办法由生产部负责编制、解释与修订。

第20条　生效日期

本办法自××××年××月××日起生效。

3.3.3　外协产能管理办法

工厂应制定外协产能管理办法，以加强对外协产能的管理，提高产品质量，保证生产过程有序进行，确保实现预期产能目标。

外协产能管理办法
第1章　总则

第1条　目的

为了确定外协厂商的生产能力、质量水平、生产交期等方面的指标，规范对外协产能的管理，提高外协产能的质量，特制定本办法。

第2条　适用范围

本办法适用于外协产能的管理工作。

第3条　外协产能管理基本原则

1.安全第一。

2.科学计划。

3.提高效率。

4.准确评估需求和供给。

5.优质管理为先。

第2章　外协厂商选择与管理

第4条　确定外协生产类型与数量

1.根据市场需求与发展战略，量化生产需求，明确哪些生产环节适合外协生产，以及需要每日、每月、每季度外包多少产品。

2.明确生产类型和数量，寻找合适的外协厂商。

第5条　评估与选择外协厂商

工厂依据已经确定的外协生产类型与数量，评估与选择外协厂商，在评估与选择时需要考虑以下因素：

1.与业务相关的能力。考虑外协厂商的能力能否匹配和支持自己的业务需求，即外协厂商是否有能力在品质、成本、交货周期等方面达到产品的标准和合同要求。

2.外协厂商的敬业度。通过调查了解外协厂商的工作态度和服务质量，即外协厂商是否愿意投入足够的时间和资源来满足工厂的需求。

3.经验和专业能力。考虑外协厂商的行业经验和专业能力是否能够满足工厂的需求。工厂可以查看外协厂商的客户评价和以往的业务处理方式来了解其专业能力的水平。

4.质量管理系统。在选择外协厂商时，需要特别注意外协厂商的产品质量管理系统，以确保外协厂商的产品和服务符合工厂的质量标准。

5.供应商管理。工厂需要对外协厂商进行综合评估，包括对外协合同的签署、供应商管理要求的制定、执行供应商管理的跟踪、对供应商的分类管理等方面的进一步管理。

6.价格和风险。在选择外协厂商时，还需要考虑价格和风险等相关问题，包括附加费用和保险等。

第6条　外协厂商确认及存档

1.外协厂商确认。在评估与选择外协厂商之后，应将合格外协厂商列入合格名单，以确认最终名单。

2.外协厂商考核。工厂定期对外协厂商进行考核，综合评估其生产能力、生产质量、生产速度等。

3.外协厂商调整与修改。根据外协厂商考核结果，对外协厂商做出调整与修改，将不合格的外协厂商剔除合格名单，重新选择合适的外协厂商。

4.外协厂商档案管理。工厂应建立外协厂商档案，每个选定的外协厂商必须有详尽的档案，以便后期进行定期的评估。

第3章　外协产能进度控制

第7条　调查了解

在与外协厂商建立合作关系前，应进行充分的调查和谈判，了解外协厂商的规模、管理水平、生产工艺等，确保外协产能能够满足自己生产的需求。

第8条　签订外协合同

1.在进行外协生产之前，需要签订外协合同，明确外协产能的生产要求、交付期限、质量标准、价格等事项，保证合同要求事项明确具体。

2.生产合同的签订应当注重合同的明确性和可执行性，确保合同各项规定得到履行。

第9条　制订外协产能计划

工厂应根据自身的生产计划制订合理的外协产能计划，以保证生产进度。

第10条　加强沟通与联系

1.在外协生产过程中需要定期与外协厂商进行沟通联系，充分表达自身要求，及时发送生产资料，监控生产进度，并及时调整产能计划。

2.通过沟通与联系，及时准确地了解与掌握外协厂商的生产能力与工艺水平，以便合理有效地分配与调控生产进度。

第11条　确保生产材料的供应与使用

1.为保证外协产能的进度稳定，工厂应及时向外协厂商提供生产材料，同时保证材料的质量。

2.除此之外，还应跟踪、监控和审核生产材料的使用，以确保生产进度的及时性。

第12条　跟进执行情况

及时跟进产能计划的执行情况，收集足够的数据，为后续的优化和改进提供依据。

第4章　外协产能质量控制

第13条　建立质量管理体系

在外协生产过程中，应当建立相应的质量管理体系，确定各项质量指标，并进行监控和分析。

第14条　明确质量标准

生产部应提前与外协厂商就产品质量标准达成一致，并监督外协厂商在生产过程中是否严格遵守。

第15条　质量检验

1.生产部应积极利用网络、电话、短信、邮件等手段，随时关注外协厂商的生产流程和质量情况，并及时进行追踪和监控。

2.进一步加强对外协厂商生产环节的质量检查和管理，确保外协产品的质量。

3.生产部应对收到的外协产品进行检验，并建立完整的检验档案，对检验不合格的产品进行退换。检验的标准应该遵循外协产品的质量标准。

第16条　加强培训与考核

生产部应对外协厂商的员工进行培训与考核，增强员工质量意识，并对优秀员工进行奖励。

第17条　建立严格的产品追溯制度

生产部应当建立严格的产品追溯制度，以保证能够及时有效地解决问题，避免因质量问题而影响工厂的生产和经营。

第5章　外协产能成本管理

第18条　设定预算

在外协合同签订前，工厂需要对预计的成本进行预算，制定预算时要考虑外部采购成本（物料、人工、能源等）和其他相关成本（运输、税费、法律服务等）。

第19条　选择适当的支付方式

根据实际业务情况，与外协厂商协调支付方式，并且控制付款的次数和时间，事先约定付款标准。

第20条　安排生产流程

生产部应当在外协生产过程中加强对成本的控制，合理安排生产流程，降低物资采购和人员成本开支。

第21条　控制物资损耗

生产部在外协生产过程中应当采取措施控制物资损耗，提高物资利用率，降低成本开支。

第22条　核算成本

生产部在外协生产过程中，应当充分利用财务管理软件等工具，实现精细化成本核算。

第23条　费用结算

生产部应当协同有关部门，及时、准确地结算外协费用，避免产生经济损失。

第6章　附则

第24条　编制单位

本办法由生产部负责编制、解释与修订。

第25条　生效日期

本办法自××××年××月××日起生效。

3.3.4　安全环保与产能保障管理办法

规范严谨的安全环保与产能保障管理办法可以帮助工厂规避安全生产风险，增强环保生产意识，避免因安全及环保问题对产能计划的实施带来恶劣影响，从而实现产能的提高。

安全环保与产能保障管理办法
第1章　总则

第1条　目的

为了保障工厂安全生产，落实环保制度，避免工厂出现安全与环保问题，对工厂产能造成负面影响，特制定本办法。

第2条　适用范围

本办法适用于安全环保与产能保障的管理工作。

第2章　安全控制与产能保障

第3条　建立安全文化

生产部应营造良好的安全文化氛围，积极开展安全宣传、教育培训等活动，增强员工的安全意识，从而使产能得到可持续的保障。

第4条　建立安全管理体系

1.生产部应当建立健全安全管理体系，制定安全生产规定，落实安全生产措施，确保工厂生产安全，保障产能计划正常执行。

2.生产部应严格执行安全操作规程、安全生产标准，加强安全技能培训，增强员工的安全意识，提升员工的技能水平。

第5条 推行安全制度

生产部应制定安全生产制度，强化对员工安全责任的明确要求，对涉及安全的工作环节进行规范，使员工能够安全生产和管理，确保产能及员工安全。

第6条 加大安全生产检查

生产部应加大安全检查力度，及时发现和消除安全隐患，确保生产作业安全，保证生产过程的规范化和正常化。

第7条 加强现场管理

生产部应落实现场管理制度，加强对设备、工具和原材料的管理，严禁任何形式的违规操作，大力整改安全隐患，维护现场安全，避免影响产能。

第8条 维护安全设备设施

1.加强对安全设备设施的维护，定期检修生产设备设施和工具，确保设备设施的安全。

2.增加安全防护设施，如安装手动紧急停机装置、安装报警装置、严格安全教育、设定安全带等。

第9条 实施安全生产奖惩

生产部应根据安全生产情况，对安全生产及产能保障做出贡献的员工进行奖励。反之，对造成安全事故、影响实际产能的员工进行处罚。

第3章 环保控制与产能保障

第10条 加大环保投入力度

加强环保投入，购买符合相关环保标准的设备、材料等，从根本上预防和控制污染，保障产能计划有效执行。

第11条 合理利用资源

1.合理有效地利用生产所需的资源，提高资源利用率。

2.生产部可引进新能源，如天然气、太阳能、水能等，并尽可能减少浪费。

3.通过资源利用率的提升，提升产能。

第12条 推行节能降耗理念

1.生产部可以通过优化生产流程，实现节能降耗，提高资源和能源利用率，降低生产成本，减少对环境的污染，并提升产能。

2.生产部可通过不断研发新技术、调整产品结构等方式节约资源。

第13条　合理处理废弃物

生产部要严格控制废弃物排放，加强废弃物治理，降低环境污染，达到产能保障和环保的双赢。

第14条　完善环境监测系统

生产部应建立适当的环境检查和监测机制，定期检测工厂的废气、废水等的排放情况，及时调整工作流程并采取措施满足环保组织和监管机构的要求，促进产能的高效稳定发展。

第15条　建立生产储备系统

生产部应建立生产储备系统，确保在突发事件和特殊情况下，产能不受影响，并通过储备材料的安全存放来实现环保生产。

第16条　推进技术创新

生产部应不断探索环保技术和环保工艺，积极引进先进技术和设备，以提高生产效益提升环保水平。

第17条　制定应急预案

生产部应制定环境应急预案对突发事件进行处理，事故发生后应及时报告相关部门，避免因其影响工厂产能。

第4章　安全问题应对与产能保障

第18条　及时停产

1.若工厂出现安全事故，为保障产能与员工安全，应考虑及时停止受影响的生产线与设备的运转。

2.停止相关运转后，要及时排查安全问题源头，采取措施排除安全故障，保障产能。

第19条　及时解决安全问题

1.积极解决安全问题，及时组织专业人员进行调查，确定安全问题的源头及其影响范围。

2.多方协调进行相关问题的修正，以迅速恢复生产。

3.在解决问题时，需要成立专项小组，制定综合性的解决方案，提高解决问题的速度和质量，保障产能快速恢复。

第20条　做好紧急预案

1.设立完整的安全事故应急响应机制，任命专门的安全生产管理人员，建立健全安全预警机制，提高稳定生产的能力和问题响应能力。

2.严格执行设备操作规程和技术标准，定期对可燃和易爆物品下的设施管道燃气进行检查，确保设备、管道和工具的正常运转和关键环节的安全及时检查，以防发生安全事故影响产能。

3.定期开展安全风险评估，对生产流程、生产设备、工作环境、人员操作等进行全面检查，记录并处理特殊环节的隐患，预防安全事故的发生。

4.组织生产部或相关专业人员开展应急演练，提高安全事故处理的技能和组织的执行力，并加强相关经验与知识的分享。

第21条 建设技术储备库

工厂所属的生产线和生产流程应建立技术储备库，对设备备件、工具等关键零件和配件建立合理的储备备用计划，以预防突发情况的发生。

第5章 环保问题应对与产能保障

第22条 启动应急预案

1.一旦环保事故发生，工厂应根据预案标准迅速启动应急响应机制，并立即组织应急小组，指定应急领导和应急处置人员。

2.应急小组要及时调集人员和物资，迅速赶赴现场进行处理。

3.应急小组应重点关注环保突发事件，快速研究并制定应急处置方案，实施相关技术措施和管理措施，及时做好现场应急处置工作，降低对产能的影响。

4.在处理环保突发事件时，还应当与当地政府、有关环保部门、外协厂商及客户密切沟通和协调，及时反馈环保事故情况，尽可能减少对环境的污染，保护工厂的品牌声誉。

第23条 及时处理环保问题

1.及时处理环保问题，采取措施防止环保问题的发展和恶化。

2.加强对环保问题的监管，降低环保问题对工厂本身产能的影响。

3.当出现环保问题时，应立即停工或减产，以减少对环境的负面影响。

4.主动与环保监管机构联系，及时通报情况，尽快解决问题，降低对生产产能的影响。

第24条 开展环保整改

1.为了减轻环保问题对工厂产能的影响，应及时开展环保整改，对已存在的环保问题进行修复。

2.制订环境整改计划和措施，做到从源头上解决环保问题，保障生产持续进行。

第25条　推行清洁生产

1.加强对清洁生产的重视，探索应用新技术、新工艺，减少环境污染物的排放和废弃物的产生。

2.创造更加环保且高效的生产环境，提高生产效率，保障产能。

第26条　定期进行环保问题演练

为了提高应急预案的精准度和应急处理水平，工厂应定期进行环保应急演练，不断完善应急处理措施和提升技能水平，并提高工厂的应急响应能力。

第6章　附则

第27条　编制单位

本办法由生产部负责编制、解释与修订。

第28条　生效日期

本办法自××××年××月××日起生效。

3.4　产能优化精细化管理

3.4.1　产能结构优化精细化实施方案

产能结构优化可以帮助工厂改善需求结构，优化产业布局，提升工艺技术水平和产品质量，增强产品竞争力，更好地完成生产计划。

产能结构优化精细化实施方案

一、目的

适应市场变化、满足市场需求、抢占市场先机、提高市场竞争力，帮助工厂跟上技术变更的步伐，采用新技术、新设备、新工艺提高产品品质。

二、优化项目

优化项目包括技术产能、设备产能、人员产能、生产线产能等。

三、具体设计

（一）人员安排

1.生产部经理为项目负责人，统筹产能结构优化的精细化实施工作。

2.生产部主管为副组长，具体负责产能结构优化的检查、监督、落实等工作。

3.生产部相关人员为实施主体，负责产能结构优化的实施工作。

（二）时间安排

1.××××年××月××日至××××年××月××日为产能结构优化精细化实施开始阶段。

2.××××年××月××日至××××年××月××日为产能结构优化精细化实施中间阶段。

3.××××年××月××日至××××年××月××日为产能结构优化精细化实施结束阶段。

四、具体执行

（一）技术产能优化

1.引进和研发新技术。

通过引进国内外先进技术来提升工厂的技术研发水平，不断升级现有产品的技术水平，提高技术产能。

2.加强品质管理。

通过完善的质量管理体系，加强对产品生产过程中各个环节的控制，全面提高产品质量。

3.推动协同工作。

加强交流和协作，并推进提升各部门间的信息化水平，实现信息互通共享、数据共享，加强协调配合，优化技术产能。

4.加强人才培养。

发展并留住高素质的技术人才，通过对技术人才的培训，提升员工的技术水平，增强技术人员的创新意识，以提高技术产能和核心竞争力。

5.合理规划生产计划。

根据市场需求，合理规划生产计划，对生产资源进行科学配置，以最大限度地提高技术产能。

（二）设备产能优化

1.选用先进设备。

选用先进的设备，并确保设备能够适应不断变化的市场需求。在设备资产更新使用期间，要注意对其进行合理的维护和保养，保证设备高效稳定运行。

2.设立效率指标。

针对不同的设备，需要设立相应的效率指标，并进行监控。可以借助数据分析、过程分析等方法对设备的效率进行评估，进而为优化设备产能结构提供依据和指导。

3.加强维修与保养。

针对现有设备，加强维修和保养工作，确保设备的正常运行。及时检修、保养设备，自觉做好延长设备使用寿命的维护管理工作。

4.调整产品结构。

根据市场需求，调整产品的结构和规模，以适应市场需求。根据季节性和地域性的需求变化，调整产品结构和规模，以满足客户的需求。

5.提高设备生产效率。

通过增加设备的使用频率，提高设备的生产效率。例如，增加设备使用时间、改进机器人程序、提高运营安全性等，都可以提高设备的生产效率。

6.设置自动化加工流程。

以自动化加工流程来替代手工操作，提高生产效率和减少生产成本，从而优化设备产能结构。

7.提高人员素质。

开展设备技术培训，提高员工技能，培养员工解决问题、思维创新和管理能力，从而提高生产效率和管理水平。

（三）人员产能优化

1.进行人员培训。

针对不同岗位员工进行专业性培训，以提高其技能水平与工作效率，培训内容包括技能培训、安全培训、质量培训等。

2.职责分工与调整。

对生产线上的员工进行职责分工与调整，使每个员工都能够发挥自己的优势。合理的职责安排能够提高员工的参与感，使员工协同工作，提高整体生产效率。

3.工作并行。

将生产过程中的工作分解成多个部分，允许团队中的每个成员在不同部分中平行或连续工作，以提高工作效率和减少时间浪费。

4.简化生产流程。

减少人工作业中的重复任务和不必要的环节，发挥员工最大产能。通过自动化技术手段来完成生产任务，减轻员工劳动量。

5.引进新技术。

引入先进的机械化设备和物联网技术，实现自动化生产，将新技术应用到生产过程中，提高生产自动化水平，减少重复劳动，以提高员工的生产效率。

（四）生产线产能优化

1.优化设备布局。

制定合理的排布方案，优化设备布局，使物流、信息、工艺衔接更加流畅，从而达到优化生产线的效果，提高生产效率。

2.提高设备使用率。

通过加强设备维修保养、合理使用设备、定期维护设备，来保证设备运行的可靠性，提高设备使用率，增加产能。

3.引进自动化生产线。

引进自动化生产线，加深生产流程自动化程度，降低人工干预与人工成本，提高生产线效率和产能。

4.进行生产管理优化。

优化生产策略和管理流程，减少冗杂的审批流程，提高生产效率，降低生产成本，提升产能。

5.预测生产需求。

通过分析市场需求、产品销售情况等预测未来的生产需求，以此来调整生产计划，提高生产效率和产能。

6.进行员工培训

提高员工技能素质，通过培训合格的工人来提高生产线的效率和产能。

7.采用高效生产工艺。

采用先进、高效的生产工艺，增加生产线产能，提高产品质量。

五、注意事项

1.注意前期分析和调查。

在实施产能结构优化之前，必须对现有产能状况进行充分分析和调查，确定实施方案的目标，确保方案的可行性和有效性。

2.关注团队合作和沟通。

产能结构优化的精细化实施需要涉及多个部门和层级的协作和沟通，需要建立有效的沟通机制和团队合作机制，来确保各方面能够共同推进优化工作的实施。

3.注意成本、效益问题。

在产能结构优化的精细化实施过程中，要充分考虑成本和效益的问题，避免只是为了追求生产效率和技术进步而造成负担增加等问题。

4.注重跟踪和反馈。

在实施产能结构优化的最后，需要建立有效的反馈机制，对产能结构优化的效果和成果进行评估和反馈，根据实际情况进行调整和改进。

六、预期成果

截至××××年底，实现以下目标。

1.人员产能提高_____。

2.产能技术提高_____。

3.设备保养损耗率降低_____。

4.在____个月内实现产量增加_____的效果。

3.4.2　产能利用率提升精细化实施方案

产能利用率提升可以提高工厂的产品数量、产品质量和生产效率，提升产品竞争力，通过充分利用现有设备和人力资源，能够有效降低设备的闲置时间与人力资源的闲置率，从而实现更高的经济效益。

产能利用率提升精细化实施方案

一、目的

满足市场需求，抢占市场占有率，激发工厂生产潜能，提高设备使用率，提升产能利用率，获取经济效益。

二、提升项目

提升项目包括市场需求分析准确率、设备利用率、人员利用率、资源利用率等。

三、具体设计

（一）时间安排

××××年××月××日至××××年××月××日。

（二）人员安排

设置产能利用率提升小组，其构成：

组长：程××。

副组长：李××。

组员：赵××、钱××、孙××、周××。

稽查人员：吴××、郑××。

（三）目标设计

1.初始阶段。

××××年××月××日至××××年××月××日产能利用率≥_____。

2.实施阶段。

××××年××月××日至××××年××月××日产能利用率≥_____。

3.结束阶段。

××××年××月××日至××××年××月××日产能利用率≥_____。

四、具体执行

（一）市场需求分析准确率提升措施

准确预测市场需求，合理安排生产，避免产能过剩或不足。

1.加强市场调研和销售分析。

通过市场研究和对销售数据的分析，把握市场需求，确定产品类型、规格、颜色等，制订更合理的生产计划，保证生产计划与市场需求的匹配度，提高市场需求利用效率。

2.制订可行的生产计划。

根据市场需求的变化，制订可行的生产计划，并根据实际情况调整计划，降低库存水平，避免产能过剩或者不足，提高市场需求的利用效率。

3.利用信息化技术。

建立完善的信息化系统，实现物流信息共享和生产计划透明化，便于处理订单和库存管理，合理控制库存，从而提高市场需求的利用效率。

（二）设备利用率提升措施

1.设备维修保养。

定期对设备进行检修、保养，减少设备故障，延长设备使用寿命，提高设备的稳定性和利用率。

2.设备改进或升级。

改进或升级设备可以提高设备的生产能力和灵活度，开发高效、低耗的新技术，并引进先进的生产工艺和设备，以提高设备的运行效率和使用寿命，进而提高设备的利用率。

3.设备定期检验。

定期检验设备可以及时发现设备的隐患和缺陷，既能保障生产质量，又能保证操作人员的安全，同时也能提高设备的使用寿命和稳定性，进而提高设备的利用率。

4.进行数据分析。

进行数据分析可帮助工厂了解设备的运行情况，分析设备维修记录、运行状态及使用寿命，以提高设备的利用率和生产效率。

5.加强人员培训。

为生产运营的持续发展，必须确保设备操作人员技能水平的高效性和稳定性。加强人员培训，提高员工工作效能和协作效率，有效降低生产浪费，增加产能利用率。

6.提高设备使用效率。

通过优化设备使用流程、管理、操作等方面，提高设备的使用效率，减少废品率和设备停机时间。

（三）人员利用率提升措施

1.建立高效的团队合作机制。

建立高效的团队合作机制，明确分工和责任，强化沟通，协调不同部门的工作。不同团队之间的合作关系越紧密，工作效率就越高，从而提高人员的利用效率。

2.提高员工技能水平。

员工的技能水平直接影响生产效率。因此，工厂应该积极推广技能培训，提高员工的技术水平和操作技能，以更快速、更高效地完成工作任务，提高人员利用效率。

3.优化工作环境，提高舒适度和工作效率。

优化工作环境，提高舒适度和工作效率，是提高人员利用效率的重要手段之一。
工厂应该为员工提供适宜的工作环境，如舒适的办公室、合适的工作温度等，提高员
工的工作满意度和工作效率。

4.引入信息化技术手段。

信息化技术手段可以大幅提高工作效率，减少人为操作出现的错误，减轻员工的
负担。例如，使用信息化系统管理业务流程、开展自动化生产等，都可以大幅提高员
工的工作效率和利用效率。

5.精简工作流程和产出物料。

确保工作流程和产出物料精简和高效，是提高人员利用效率的重要因素。优化生
产流程，最大限度地减少工作中不必要的操作和步骤，提高工作效率和产出质量。

（四）资源利用率提升措施

1.合理规划生产和排产计划。

制订合理的生产计划和排产计划，协调客户需求、现有物料库存量和机器设备开
工状况，以确保生产流程能够高效运行，同时保证资源的最大化利用。

2.提高设备的稼动率。

提高生产设备的稼动率是提升资源利用率的有效途径。减少生产设备的停机时
间，创造更多的生产时间窗口，从而最大化设备的利用效率。

3.优化原料库存量。

制订合理的生产计划和库存计划，精准预测市场需求并根据需求调整原料采购计
划，确保库存量合理，避免浪费和延迟生产。

4.推动全员参与降本增效。

（1）推动全员参与降本增效，并不断加强沟通协作，以实现资源的最大化利用。

（2）在生产过程中，让员工充分发挥自己的智慧，提供更好的建议，并反馈
在工厂的管理、流程、质量等环节上的问题，帮助工厂降低成本，提高资源的利用
效率。

5.引入先进的生产技术。

引入先进的生产技术，实现工艺优化和自动化生产，在提高生产效益和生产质量

的同时，提高生产资源的利用率。

6.针对生产过程进行流程优化。

对生产流程进行全面且细致的分析和评估，找出流程中存在的瓶颈，针对性地进行优化和改善，提高生产效率和资源利用率。

五、注意事项

1.因市场因素、技术改造、设备检修等导致的停机时间不计算产能利用率。

2.在实施过程中，要严格控制生产成本，注意能源、资源的有效利用，节约生产资金，既要保证产能利用率的提升，也要保证生产成本的平衡发展。

3.产能利用率的提升不仅要依靠产能利用率提升小组的努力，更要鼓励全员参与，切实发挥专业人才和生产员工的积极性与创造性。

六、预期效果

1.产能利用率提升至_____%。

2.产能达到_____。

3.产品市场占有率达到_____%。

04

第 4 章

生产计划编制、审定与下达管理精益化

4.1　生产计划编制工作

4.1.1　生产计划编制依据

为使工厂的生产环节与生产人员统一、协调运作，充分利用人力物力，使工厂的各环节有组织、系统地进行生产，提高生产效率，保证产品质量，降低产品成本，需要编制生产计划。不同生产计划有不同的编制依据，具体如表4-1所示。

表4-1　生产计划编制依据

生产计划类型	编制依据
总生产计划	◆ 库存。工厂现有的库存量及库存成本 ◆ 生产成本。本年度工厂产品的生产成本 ◆ 销售价格。本年度工厂产品的销售价格 ◆ 需求量。销售部核定出来的下一年度的产品需求量
主生产计划	◆ 订单。未交付及未开始的客户订单 ◆ 需求。工厂内部的需求预测
生产作业计划	◆ 生产工艺。产品正在使用的生产工艺、工艺流程，以及生产周期、生产成本和一定时间内可以生产的产品数量 ◆ 生产效率。根据过去生产效率的数据，预估的新的生产计划的生产效率 ◆ 交付情况。前期生产作业的预计完成情况
车间生产计划	◆ 设备供应。设备的运转情况和性能 ◆ 生产能力。车间的生产能力及加工质量 ◆ 生产周期。产品的生产周期和生产办法 ◆ 供应情况。原材料、设备、人员的供应情况

4.1.2　生产计划编制办法

为避免生产计划的编制与需求、产能不匹配，或者是与工厂的实际情况不符，不具有可行性，需要明确生产计划编制的工作程序，规范生产计划的编制工作。

生产计划编制办法

第1章　总则

第1条　目的

为规范工厂生产计划的编制，满足市场需求，提高生产效率和产品质量，保障产品交期，特制定本办法。

第2条　适用范围

本办法适用于工厂生产计划编制工作的管理。

第2章　数据收集与分析

第3条　收集相关数据

1.市场需求数据。收集消费者对某种产品或服务的需求量。

2.采购数据。收集并整理采购数据，主要是生产计划中所需要的原材料和备品备件等的采购数据。

3.生产进度数据。收集生产进度数据，掌握生产实时情况。

4.生产设备数据。确定生产设备的运行状态并收集相关使用数据。

5.库存数据。收集库存数据，监测存货情况。

6.人力资源数据。收集人力资源数据，了解员工的数量、技能等信息。

7.生产成本数据。收集各种生产过程中产生的成本数据。

第4条　分析相关数据

1.分析市场需求、采购等数据，帮助生产计划主管制订合理、可行的生产计划。

2.分析生产进度、生产设备等数据，分析生产实时情况，及时调整计划，提高生产效率，确保生产进度合理、高效。

3.分析库存、人力资源数据，掌握库存、人力资源的变化趋势，准确评估生产的可行性和时间安排合理性。

4.分析生产成本数据，控制生产成本，以获取最大的经济效益。

第3章　生产计划编制

第5条　注重成本效益

编制生产计划时应注重对生产成本的控制，通过有效地控制成本，实现工厂利润最大化的目标，提高工厂的经济效益。

第6条　注重安全环保

1.编制生产计划时应注重生产安全，要建立完善的安全生产管理体系，加强安全生产宣传教育，增强员工的安全意识，确保生产过程符合相关法律法规和标准。

2.编制生产计划时应注重生产环保，在生产过程中，要对生产废弃物进行合理的收集和处理，确保其不对环境造成危害。

第7条　加强沟通协调

1.生产部与采购部应及时沟通原材料的供应情况，掌握现有的供应商，保证物料及时供应。

2.生产部与仓储部应及时沟通产品的库存情况，掌握成品、半成品的库存情况。

3.生产部与销售部应及时沟通产品的销售状况，掌握市场需求和消费需求情况。

第8条　提升编制效率

编制生产计划时应注重信息化建设，明确各部门的职责和分工，提高生产计划编制和管理的效率和精度，保证生产计划编制的质量。

第9条　编制生产计划

生产部应根据市场需求和产能评估的结果，编制出合理的生产计划。生产计划应该包括产品的品种、数量、生产周期、生产能力、原材料采购量、产品交付时间等方面的内容。

第4章　生产计划审核与确定

第10条　审核生产计划

生产计划编制好后，应将其提交给生产部经理和总经理审核，确保生产计划的可行性和科学性，避免出现计划不合理、生产能力不足或资源浪费等问题。

第11条　调整生产计划

根据生产部经理和总经理的审核意见，调整生产计划，确保生产量能够适应市场和环境的变化，提高生产效率和产品质量。

第12条　确定生产计划

审核调整后的生产计划，确保生产计划的准确性和可执行性，减少不确定性因素的影响。

第13条　下达生产计划

生产部主管将确定的生产计划下达给相关部门和人员，明确生产任务和要求，确保能够按照生产计划完成生产任务。

第5章 附则

第14条 编制单位

本办法由生产部负责编制、解释与修订。

第15条 生效日期

本办法自××××年××月××日起生效。

4.2 生产计划编制

4.2.1 总生产计划编制流程、说明及计划模板

为避免生产时间和生产成本的浪费，充分利用各种资源，协调生产部与各部门的关系，实现工厂的生产经营目标，需要编制总生产计划。

1.总生产计划编制流程

总生产计划编制流程如图4-1所示。

部门名称	生产部	流程名称	总生产计划编制流程

单位	总经理	生产部经理	生产计划主管	相关人员
节点	A	B	C	D

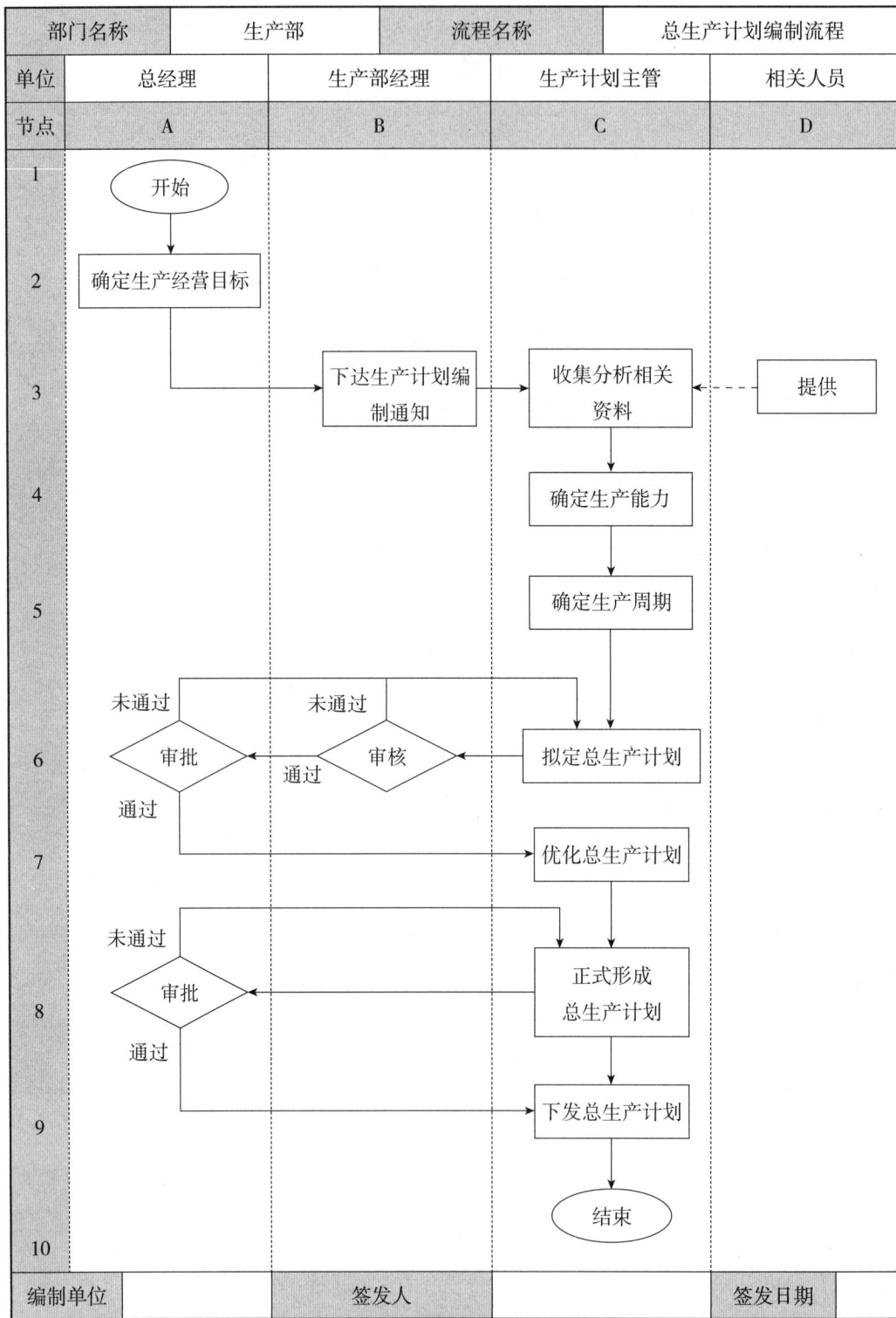

编制单位		签发人		签发日期	

图4-1　总生产计划编制流程

2.总生产计划编制说明

总生产计划编制说明如表4-2所示。

表4-2　总生产计划编制说明

关键点	细化执行
A2	总经理确定工厂的生产经营目标，明确工厂的发展战略和目标，包括销售目标、利润目标、生产目标等
C3	生产计划主管从销售部和市场部等部门收集市场信息，从采购部收集物料信息，获得生产数据
C4	生产计划主管根据市场需求和工厂实际情况，合理确定生产能力，避免生产过剩或不足，科学合理地规划生产能力
C5	生产计划主管根据市场需求和工厂生产能力，确定生产周期，避免生产周期过长，以提高工厂的生产效率和经济效益
C6	生产计划主管根据工厂的发展战略、经营目标、生产周期和生产能力等情况，制订符合工厂实际情况的总生产计划
C7	生产计划主管根据审批和审核意见，优化总生产计划，使其更符合工厂的实际情况和经营目标

3.总生产计划模板

××工厂总生产计划

一、计划目的

协调工厂的生产资源，提高生产效率，降低生产成本，确保生产任务按时完成，实现工厂的生产经营目标，提高工厂的盈利能力。

二、计划内容

（一）明确生产任务

1.本年度总生产数量达_____件。

2.本年度A产品生产数量达_____件；B产品生产数量达_____件。

3.本年度要完成上年度的签订好的生产订单及临时、加急的生产订单。

（二）分析生产能力

1.工厂目前有_____条生产线，_____个生产车间，_____名生产人员，_____台正在运转的设备，可供生产_____件产品。

2.工厂目前有_____名供应商，××原材料供应商有_____名，××原材料供应商有_____名。

（三）统计销售订单

目前未完成的订单共有_____笔，其中大订单_____笔，小订单_____笔，加急订单有_____笔，临时订单有_____笔，需要合理地安排生产进度。

（四）规划物料供应

物料方面有稳定的供货渠道，与供应商建立长期的战略合作伙伴关系，保证物料供应充足。

（五）盘点库存现状

根据年度盘点结果，现有A产品库存_____件，B产品库存_____件，C产品库存_____件。C产品的市场需求饱和，库存剩余较多。

（六）控制生产成本

为提高生产效率和利润，需要控制生产成本。

1.采购成本方面。将采购成本控制在_____元以内。

2.人工成本方面。将人工成本控制在_____元以内。

3.制造费用方面。将制造费用控制在_____元以内。

三、计划时间范围

××××年××月××日至××××年××月××日。

四、计划执行人员

1.生产部。

（1）生产部经理负责监督生产计划的执行，及时调整生产任务，保证交期。

（2）生产计划主管负责编制详细的生产计划，根据工厂实际情况调整生产计划。

2.采购部。负责原材料、备品备件的采购工作，保证物料的供应。

3.仓储部。掌握产品的库存情况，及时将产品库存反馈给生产部。

4.销售部。将市场的销售情况和产品需求信息及时反馈给生产部门，以便及时调整生产计划。

5.财务部。审批生产计划执行过程中发生的费用申请，控制生产成本。

五、总生产计划的规划

1.生产线规划。根据生产任务和生产能力进行分析，确定生产线的配置和优化方案。

2.物料管理规划。对物料需求计划和库存管理情况等进行规划。

3.质量管理规划。建立完善的质量管理体系，提高产品质量。

4.技术改进规划。加强技术创新和改进，提高生产效率和产品质量。

六、计划预算

1.生产成本预算。预估生产成本为_____元。

2.销售收入预算。根据销售订单，预估销售收入为_____元。

3.利润预算。根据生产成本和销售收入预算，预估工厂的利润为_____元。

4.2.2　主生产计划编制流程、说明及计划模板

主生产计划在总生产计划的指导下，根据生产目标和销售计划，规划产品的生产时间、生产数量、产品品种，指导工厂的生产活动，提高生产效率，保证生产任务的顺利完成。

1.主生产计划编制流程

主生产计划编制流程如图4-2所示。

部门名称	生产部		流程名称	主生产计划编制流程
单位	总经理	生产部经理	生产计划主管	销售经理
节点	A	B	C	D

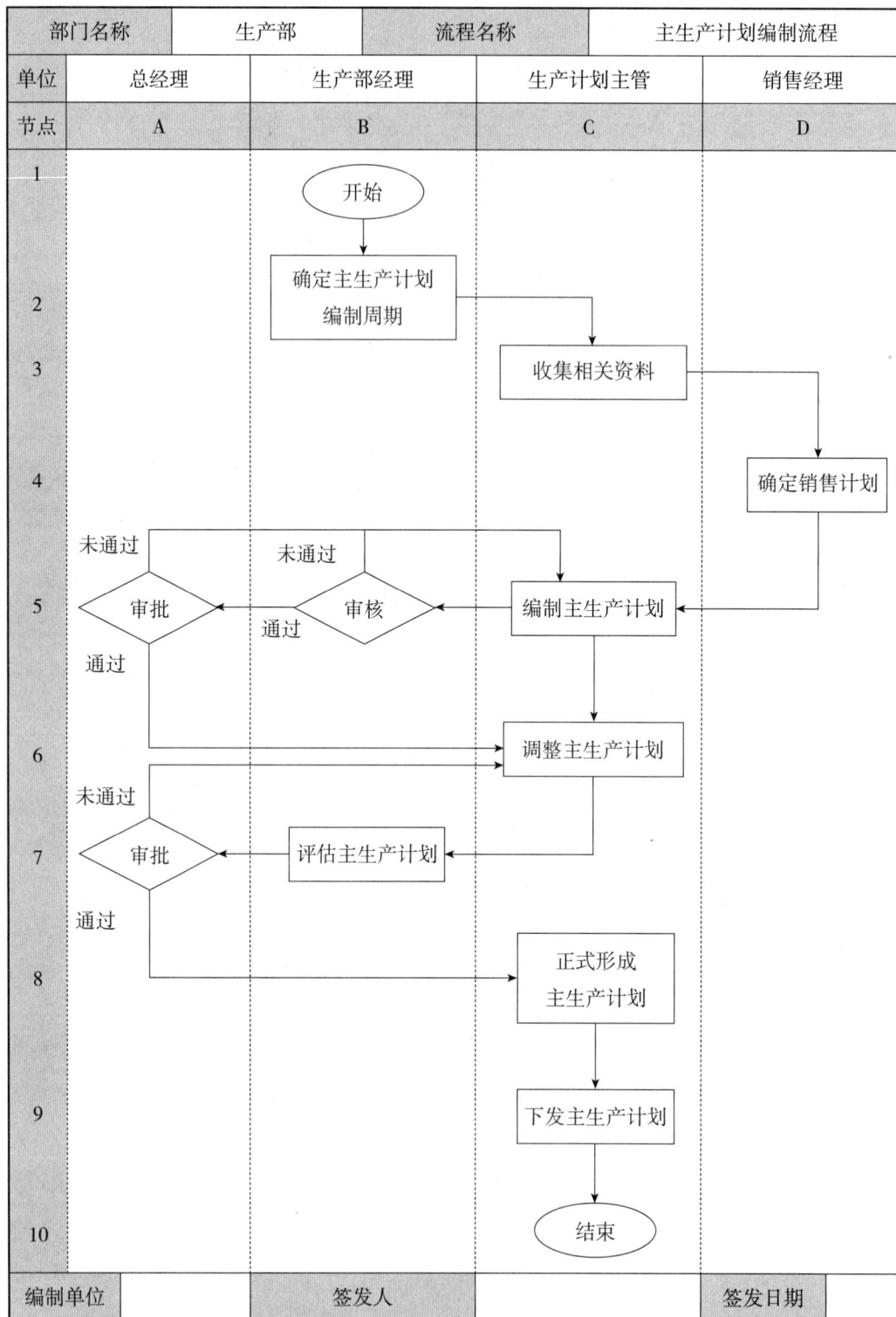

编制单位		签发人		签发日期	

图4-2　主生产计划编制流程

2.主生产计划编制说明

主生产计划编制说明如表4-3所示。

表4-3　主生产计划编制说明

关键点	细化执行
B2	一般选择以1年为周期来编制主生产计划，这有助于工厂更好地掌握生产规模，提高对生产需求的预测能力
C3	生产计划主管收集生产数据，包括历史生产数据、销售数据、库存数据等，以帮助工厂更好地了解市场需求和自身生产状况，进而编制主生产计划
C5	生产计划主管根据销售计划、库存状况及生产资源等因素，制订出合理的主生产计划，包括生产量、生产周期、生产时间、生产方式等，确保生产和销售的协调和平衡
C6	生产计划主管根据市场、客户需求、生产能力等的变化调整主生产计划
B7	生产部经理对计划编制的情况进行总结评估，对制订的主生产计划进行优化和改进

3.主生产计划模板

××工厂主生产计划

一、计划目的

对整个生产周期内所需的生产量进行预估和计划，满足市场需求、控制生产成本和提高生产效率。

二、计划内容

（一）生产计划时间

1.生产周期。A产品的生产周期为＿＿＿＿，B产品的生产周期为＿＿＿＿。

2.计划执行时间。××××年××月××日至××××年××月××日。

（二）生产任务数量

根据市场需求和工厂资源情况，生产任务数量为＿＿＿＿件。

（三）生产任务分配

1.一车间生产A产品，任务量为＿＿＿＿件，生产交期为××××年××月××日。

2.二车间生产A产品，任务量为＿＿＿＿件，生产交期为××××年××月××日。

3.三车间生产A产品，任务量为＿＿＿＿件，生产交期为××××年××月××日。

4.四车间生产B产品，任务量为＿＿＿＿件，生产交期为××××年××月××日。

（四）生产进度监控

每周监控车间的生产任务，每月月末汇总当月的生产任务完成情况和生产线运转情况，查看未完成的任务量，并做出下个月的任务安排，及时调整生产计划和生产任务分配。

（五）生产成本控制

在保证生产质量和生产效率的前提下，将生产成本控制在_____元以内。

（六）库存管理

对原材料、半成品和成品进行管理，保证原材料的供应，做好产品的盘点工作。

三、人员规划

1.生产部。

（1）组织各车间开展生产工作，监督车间的生产任务安排。

（2）加强与销售部门的沟通，了解市场需求和销售情况，及时调整生产计划。

（3）加强与质量部门的沟通，确保生产任务的质量满足要求。

2.采购部。

加强与供应商的沟通，及时了解原材料和半成品的供应情况，确保生产任务的正常进行。

四、主生产计划规划

1.产品规划。制订新产品开发计划和旧产品升级计划，提高产品竞争力。

2.设备规划。根据生产任务和生产能力进行设备更新和维护，提高生产效率。

3.人力资源规划。根据生产任务和生产能力进行人员招聘和培训，提高员工素质和生产效率。

五、生产计划预算

1.人工成本预算。员工薪酬和福利预算控制在_____元以内。

2.材料成本预算。原材料和半成品预算控制在_____元以内。

3.能耗成本预算。能耗费用预算控制在_____元以内。

4.设备维护成本预算。设备维护费用预算控制在_____元以内。

六、补充说明

主生产计划需要与其他计划进行协调，包括物料需求计划、生产计划排程等，以确保工厂整体运营的顺畅。

4.2.3　生产作业计划编制流程、说明及计划模板

生产作业计划是基于主生产计划，对生产时间、生产数量、工序工艺、作业任务、人员安排和设备利用等方面进行详细说明，以保证工厂生产过程的高效、有序、合理，最大限度发挥工厂的生产潜力的计划。

1.生产作业计划编制流程

生产作业计划编制流程如图4−3所示。

部门名称		生产部	流程名称		生产作业计划编制流程	
单位	总经理		生产部经理	生产计划主管		车间主管
节点	A		B	C		D

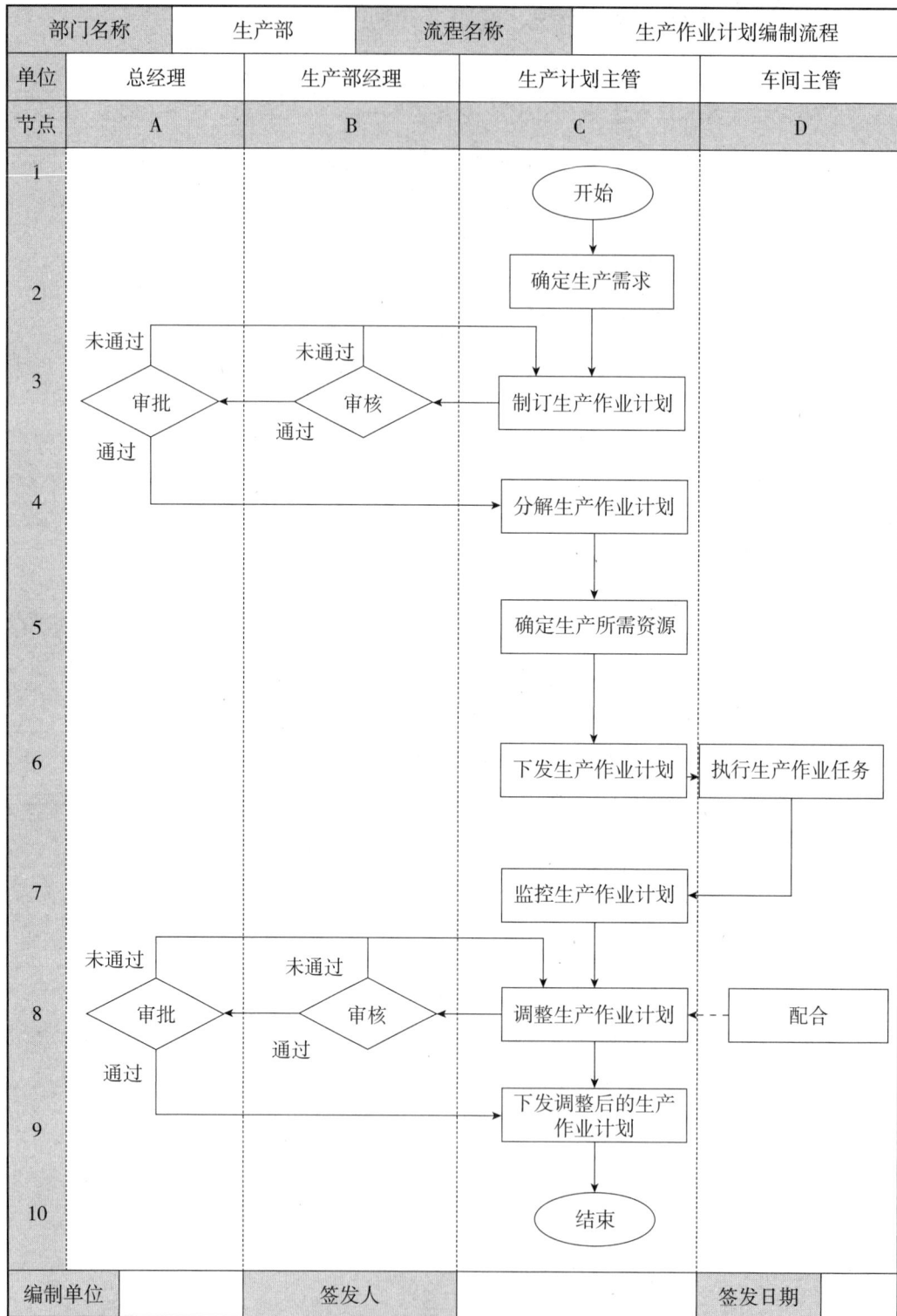

节点内容：

1 开始

2 确定生产需求

3 未通过 审批 通过 ← 未通过 审核 通过 ← 制订生产作业计划

4 分解生产作业计划

5 确定生产所需资源

6 下发生产作业计划　执行生产作业任务

7 监控生产作业计划

8 未通过 审批 通过 ← 未通过 审核 通过 ← 调整生产作业计划 ←--- 配合

9 下发调整后的生产作业计划

10 结束

编制单位		签发人		签发日期	

图4-3　生产作业计划编制流程

2.生产作业计划编制说明

生产作业计划编制说明如表4-4所示。

表4-4　生产作业计划编制说明

关键点	细化执行
C3	生产计划主管根据生产需求，编制生产作业计划，确定生产的产品种类、数量和时间计划等信息
C4	生产计划主管将生产作业计划分解成具体的生产作业任务，确定生产作业任务的时间、数量、质量要求等信息
C5	根据生产作业计划的要求，确定需要的生产资源，包括人力、设备、原材料等资源，并对资源进行优化配置，以提高生产效率和降低生产成本
C7	对生产作业计划的执行进行监控，及时发现并解决生产过程中的问题，确保生产作业计划的顺利执行
C8	如果在生产过程中发现生产计划存在偏差或问题，应及时进行调整和改进，以保证生产作业计划的准确性和及时性

3.生产作业计划模板

××工厂生产作业计划

一、计划目的

有效地管理和安排工厂的生产作业，规范生产过程，加强生产控制，降低生产成本，提高生产效率和产品质量。

二、计划内容

（一）生产任务数量安排

根据市场需求和工厂情况，生产任务数量为＿＿＿＿＿＿件。

（二）生产任务分配

1.一车间的生产任务量为＿＿＿＿＿＿件，配备×××设备＿＿＿＿＿＿台、＿＿＿＿＿＿名生产人员，需要××原材料、××半成品。

2.二车间的生产任务量为＿＿＿＿＿＿件，配备×××设备＿＿＿＿＿＿台、＿＿＿＿＿＿名生产人员，需要××原材料、××半成品。

3.三车间的生产任务量为＿＿＿＿＿＿件，配备×××设备＿＿＿＿＿＿台、＿＿＿＿＿＿名生产人员，需要××原材料、××半成品。

4.四车间的生产任务量为＿＿＿＿件，配备×××设备＿＿＿＿台、＿＿＿＿名生产人员，需要××原材料、××半成品。

（三）生产流程优化

每月优化生产作业中的生产流程，包括工序、工艺等生产流程，保证生产的流畅性。

（四）物料配送安排

每月月初对生产需求进行统计，安排物料配送，保证物料的及时供应。

（五）设备维护计划

每月制订设备维护计划，定期检修和保养设备，提高设备的使用寿命和生产效率。

（六）质量控制计划

每周制订质量控制计划，加强产品质量控制，确保产品符合客户需求和质量标准。

三、计划时间范围

1.月计划。每月月末制订下月生产作业计划，安排下月生产任务和生产流程。

2.周计划。每周周一制订周生产作业计划，对生产作业计划进行调整和安排。

3.日计划。每日制订日生产作业计划，对当日生产任务和生产流程进行安排和调整。

四、计划人员

1.生产计划主管。负责生产作业计划的制订和安排。

2.生产部经理。负责生产任务的分配和生产流程的优化。

3.采购部经理。负责物料配送计划的制订和物料库存的控制。

4.设备维护工程师。负责设备维护计划的制订和设备的检修与保养。

5.质量控制员。负责质量控制计划的制订和产品质量的控制。

五、计划实施策略

1.生产作业计划要根据市场需求和生产情况进行调整和安排。

2.生产作业计划要根据生产任务的重要性和紧急程度，确定优先级，安排生产流程。

3.对物料、设备和人员等资源进行协调，保证生产任务的完成和生产效率的提高。

六、计划预算

1.人力成本预算。人力成本预算为_____元，包括生产人员和管理人员的薪资、社会保险等费用。

2.物料成本预算。根据物料配送计划和库存情况，物料成本预算为_____元。

3.设备维护成本预算。根据设备维护计划，设备维护成本预算为_____元，包括设备检修、保养、维修等费用。

4.质量控制成本预算。根据质量控制计划，质量控制成本预算为_____元，包括检验、检测、测试等费用。

七、补充说明

1.异常情况处理。出现生产异常情况时，及时采取措施，及时解决问题，保证生产任务的正常进行。

2.生产报告编制。根据生产作业计划和生产任务的完成情况，编制生产报告，反映生产效率和产品质量。

3.生产数据分析。对生产数据进行分析和统计，对发现的问题及时处理，以优化生产流程和提高生产效率。

4.安全生产管理。根据安全生产管理要求，加强安全生产监督和管理，确保生产过程的安全和员工的安全。

5.环境保护管理。根据环境保护管理要求，加强对环境保护的监督和管理，确保生产过程对环境的影响最小化。

6.员工培训和管理。加强员工培训和管理，提高员工素质和工作效率，保证顺利完成生产任务。

4.2.4　车间生产计划编制流程、说明及计划模板

为规范车间生产作业，指导生产人员开展工作，规范生产过程中原材料的使用，保证人员、设备的安全，保证产品交期，需要编制车间生产计划。

1.车间生产计划编制流程

车间生产计划编制流程如图4-4所示。

部门名称		生产部		流程名称		车间生产计划编制流程	
单位	总经理		生产部经理		生产计划主管		车间主管
节点	A		B		C		D

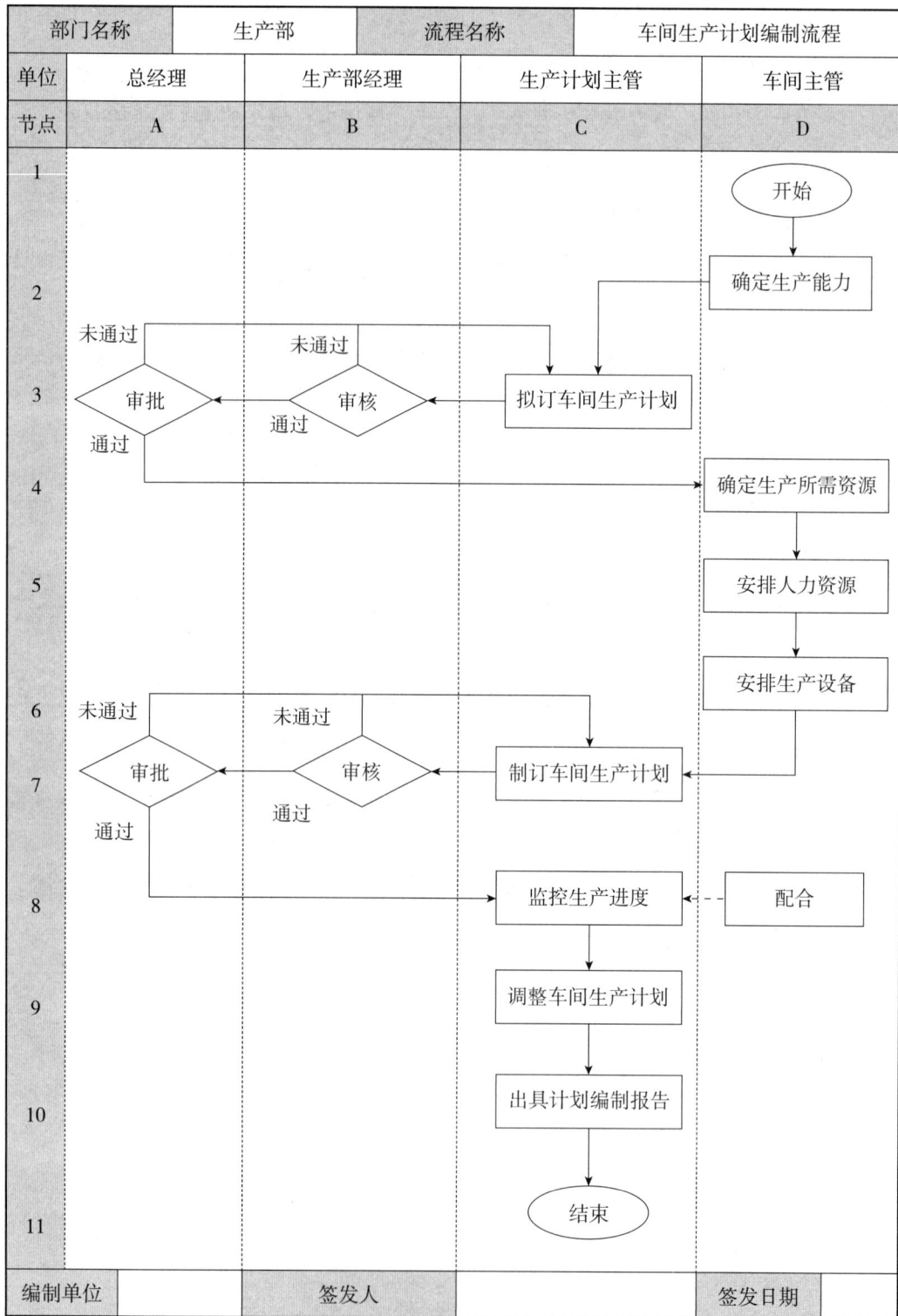

图4-4　车间生产计划编制流程

2.车间生产计划编制说明

车间生产计划编制说明如表4-5所示。

表4-5　车间生产计划编制说明

关键点	细化执行
D2	车间主管评估车间的生产能力，对设备及人力资源进行评估，确保制订的生产计划具有可行性
C3	根据生产作业计划和生产能力，生产计划主管拟定车间作业计划，明确完成生产计划所需的具体步骤，确定时间表
D4	车间主管根据拟定的车间生产计划，确定生产所需的资源，包括原材料、人力和设备，保证资源供应充足
C8	生产计划主管要监控生产进度，确保计划按期进行。如果有任何延迟或问题，需要立即调整车间生产计划

3.车间生产计划模板

××工厂车间生产计划

一、计划目的

规划车间生产任务，规范生产流程，保证产品的交期，提高生产效率和产品质量，满足市场需求。

二、计划内容

（一）生产任务安排

1.生产进度安排

（1）××月第一周：生产A产品_____件，每条生产线配备_____名生产人员。

（2）××月第二周：生产A产品_____件，每条生产线配备_____名生产人员。

（3）××月第三周：生产A产品_____件，每条生产线配备_____名生产人员。

（4）××月第四周：生产A产品_____件，每条生产线配备_____名生产人员。

2.生产指导书。在××月月初下发生产指导书，生产指导书中需包括工艺流程、加工工序流程等，以指导生产人员按照生产指导书开展工作。

（二）生产资源保证

1.生产设备。每天生产结束后，对生产设备进行检查维修，保证机器设备的正常运行。

2.人力供应。当生产进度落后于生产计划时，根据落后的进度安排相应的人员加入生产线，确保交期。

3.物料供应。根据产品要求保证物料供应的及时性和准确性。

（三）生产效率控制

监督每周的生产效率，保证生产效率达到生产计划的要求。

（四）产品质量把控

1.每天对生产线上的生产工作进行监督，确保生产作业的规范性。

2.每天对生产出来的产品进行检查，测试产品的性能是否符合要求，以保证产品质量。

（五）安全生产管理

1.生产前，召开车间安全例会，传达安全生产精神，及时处理工作过程中存在的安全隐患，各车间对存在的问题进行整改。

2.生产前，将生产设备的操作规范传达给生产工作人员，让其认真学习，以免操作失误发生意外。

三、计划时间范围

车间生产计划的执行时间为××××年××月××日至××××年××月××日。

四、人员规划

1.生产人员。按照车间生产计划完成生产任务。

2.采购人员。督促供应商按时供应原材料，跟踪原材料发货进度。

3.质量管理人员。监督生产产品的质量，检测产品性能。

4.设备管理人员。维修、保养生产设备，保证生产设备的正常运转。

五、计划实施策略

1.保证车间的设备处于良好状态，以保证生产的连续性。

2.严格执行生产计划，确保生产过程中的每一个环节都得到充分的安排和控制。

3.建立高效的生产管理体系，通过对生产数据的监控和分析，及时发现问题并采取措施加以解决。

4.规划车间的物流管理制度，包括原材料的采购和储存、产品的加工和运输等方面。

5.规划车间的安全生产工作，制定相应的应急预案和安全措施，确保生产过程的安全性。

六、计划预算

1.生产设备维护和更新预算为_____元。

2.原材料的采购、储存、加工和运输预算为_____元。

3.车间的人力成本，包括工人的薪酬和培训费用，预算为_____元。

七、补充说明

编制车间生产计划时还要注意到环保和能源的问题，在生产过程中尽可能减少对环境的影响，并提高能源利用效率。

4.3　生产计划审定

4.3.1　生产计划审定标准

为避免因生产计划审定不规范，导致生产计划与实际情况不符，影响工厂的生产和产品的销售，需要制定生产计划审定标准。生产计划审定标准如表4-6所示。

表4-6　生产计划审定标准

审定标准	具体内容
可行性	审定生产计划是否具有可行性。是否根据工厂的生产能力和资源情况，制订符合工厂实际情况的生产计划，生产计划编制过程中是否考虑到实际生产工艺和操作流程
明确性	审定生产计划是否具有明确性。生产计划是否明确任务分配、生产流程、生产时间
合理性	审定生产计划是否具有合理性。生产计划是否合理地分配生产时间，合理地利用人力资源
透明性	审定生产计划是否具有透明性。生产计划是否透明化，是否存在暗箱操作，影响生产过程的公正、公平
灵活性	审定生产计划是否具有灵活性。生产计划是否考虑了产品生命周期和市场需求的变化，是否可以随时更改，以保证生产过程的顺利进行

审定标准	具体内容
安全性	审定生产计划是否具有安全性。生产计划是否符合相关安全规范，是否提前做好预防，保障生产过程中的人身安全
节约性	审定生产计划是否具有节省性。生产计划是否考虑到原材料选取和生产过程中的物料浪费等因素，避免生产过程中出现资源浪费
数据性	审定生产计划是否具有数据性。生产计划是否根据市场需求数据、历史数据、行业数据进行制订
准确性	审定生产计划是否具有准确性。审定生产计划中的生产任务安排、生产排期、预算、生产成本、资源调配、物料供应等内容是否准确

4.3.2　生产计划审定流程

为避免生产计划的编制与工厂的实际情况相悖，影响工厂的生产经营，需要规范生产计划的审定流程。

1.生产计划审定流程

生产计划审定流程如图4-5所示。

部门名称		生产部		流程名称		生产计划审定流程	
单位	总经办		审定小组		生产部		相关部门
节点	A		B		C		D

节点1：开始

节点2：进行初步判断 ← 提交生产计划

节点3：组织成立审定小组 → 分析生产计划 --- 配合

节点4：分析生产能力

节点5：评估供应情况

节点6：审批（未通过/通过）← 提出审定意见

节点7：调整生产计划 ←-- 协调

节点8：审核（未通过/通过）

节点9：审批（未通过/通过）← 编制审定报告

节点10：资料存档备案

节点11：结束

编制单位		签发人			签发日期	

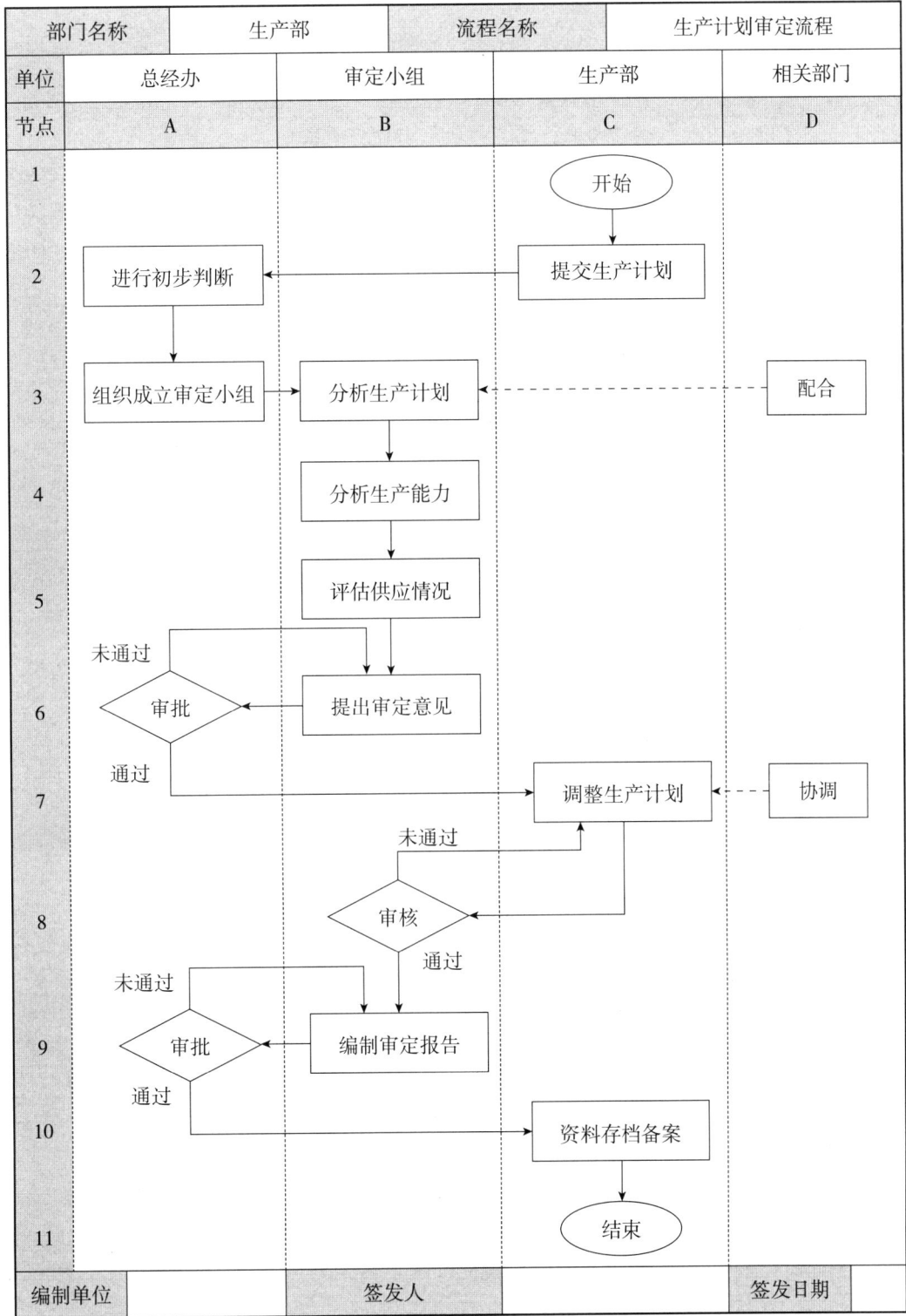

图4-5　生产计划审定流程

107

2.执行关键点

生产计划审定执行关键点如表4-7所示。

表4-7　生产计划审定执行关键点

关键点	细化执行
A3	◆ 总经办根据生产部提交的生产计划，组织成立生产计划审定小组，审核生产计划，发现生产计划中的不足 ◆ 生产计划审定小组包括生产部、采购部、销售部及市场部等具有相关经验的管理人员
B3	审定小组根据工厂生产能力、市场及客户需求、生产资源存量等情况，并考虑到人员、设备、原材料、技术等相关要素，分析生产计划的可行性
B6	审定小组根据生产计划的产量要求、时间安排、风险控制、质量保证、资源利用、环保要求和安全生产等内容，提出建议或意见
C7	生产部根据审定小组提出的意见，对原有的生产计划进行合理调整和修改，以提高生产计划的灵活性和适应性，保证生产计划正常运行
B9	审定小组对生产计划进行评估，并给出评估报告，总结生产计划的优点和不足，指出问题原因，并提出具体的改进建议

4.3.3　生产计划审定办法

为确保生产计划的有效性和合理性，需要对编制好的生产计划进行审定，以判断生产计划的可行性，发现生产计划存在的问题。

生产计划审定办法

第1章　总则

第1条　目的

为了规范生产计划的审定工作，保证生产计划的科学性和合理性，提高工厂的生产效率和经济效益，根据工厂的实际情况，特制定本办法。

第2条　适用范围

本办法适用于工厂内部生产计划的审定工作。

第3条　审定依据

1.订单量。生产计划以订单量作为审定依据之一，生产计划的审定要考虑订单数量、交货期限等因素。

2.生产能力。生产计划还要根据工厂的生产能力进行审定，审定生产设备和生产人员等情况。

3.原材料库存。根据原材料的库存情况进行审定，判断是否有足够的原材料支持生产计划的实施。

4.生产工艺。根据生产工艺、生产流程等进行评估和审定，确保生产过程的流畅。

第2章　组织设计

第4条　成立审定小组

总经办组织成立审定小组，审定小组由工厂高层领导、生产部负责人、采购部负责人、仓储部负责人等相关部门负责人和专家组成。

第5条　确定职责权限

1.审定小组负责制定生产计划审定的相关制度和规定。

2.审定小组负责审定工厂年度、季度和月度生产计划。

3.审定小组负责审定变更、调整后的生产计划。

第3章　生产计划审定程序

第6条　分析生产计划

审定小组结合实际生产情况分析生产计划，评估生产计划各方面的信息，主要评估生产计划的可行性和合理性。

第7条　分析生产能力

1.审定小组对生产设备、工艺流程等方面进行综合评价，了解工厂可能达到的最大生产规模和最高生产效率，进一步评估工厂的生产潜力。

2.在分析生产能力的同时，及时发现工厂的优势和不足之处，为进一步改善生产计划提供科学依据。

第8条　评估供应情况

审定小组对生产的供应情况进行评估，如设备的生产效率、生产环境的稳定性、人员的工作效率、原材料的供应情况等，针对工厂的实际情况和市场需求，提出更加有利于工厂生产的措施。

第4章　处理审定结果

第9条　提出审定意见

审定小组将生产计划中存在的问题进行分类和整理，然后根据问题的性质和严重程度，做出详细的说明，并提出改进建议。

第10条　及时向上级汇报

审定小组发现生产计划存在重大问题，或与工厂实际情况严重不符的，需及时向上级反映，解决生产计划中存在的问题。

第11条　反馈审定结果

审定小组将生产计划审定结果向生产部反馈，指出生产计划中存在的问题，并提供审定意见，以便进行调整和改善。

第5章　修订调整计划

第12条　修改生产计划

生产部根据审定小组的审定意见，修改和调整生产计划，在修改生产计划的过程中，需要保持生产计划的科学性、合理性、准确性和可操作性，根据实际情况进行调整，避免影响生产进度和产品质量，确保生产计划的有效执行。

第13条　重新审定计划

审定小组对修订和调整后的生产计划及时进行审定。审定生产计划中存在的问题是否得到及时解决，以及审定未发现的风险和问题。

第6章　确定审定结果

第14条　确认最终结果

审定人员对生产计划进行最终的确认，确认生产计划中所有的调整和修改都已经审批通过，生产计划具有有效性和可行性。

第15条　编制审定报告

审定小组编制生产计划审定报告，详细记录生产计划制订过程中出现的问题并给出解决方法，并对生产计划审定过程进行总结和归档。

第16条　追踪计划执行情况

审定小组追踪生产计划的执行情况，及时发现并上报生产过程中出现的问题，对计划进度进行跟踪与评估，根据实际情况及时提出调整意见。

第7章　附则

第17条　编制单位

本办法由生产部负责编制、解释与修订。

第18条　生效日期

本办法自××××年××月××日起生效。

4.4　生产计划下达

4.4.1　生产计划下达流程

为避免生产计划下达混乱与无序，影响生产计划的进行，需要规范生产计划下达的流程。下面以线上生产计划下达为例，设计生产计划的下达流程。

1.生产计划下达流程

生产计划下达流程如图4-6所示。

部门名称		生产部		流程名称		生产计划下达流程	
单位	总经办		生产部		生产车间		相关部门
节点	A		B		C		D

1			开始				
2	未通过　审批　通过		上传生产计划				
3					确认计划安排		配合
4					提出确认意见		
5			接收确认意见				
6	未通过　审批　通过		调整生产计划				
7					再次确认计划安排		配合
8			下达生产计划		反馈确认意见		
9			资料存档备案				
10			监督计划执行				配合
11			结束				

编制单位		签发人			签发日期	

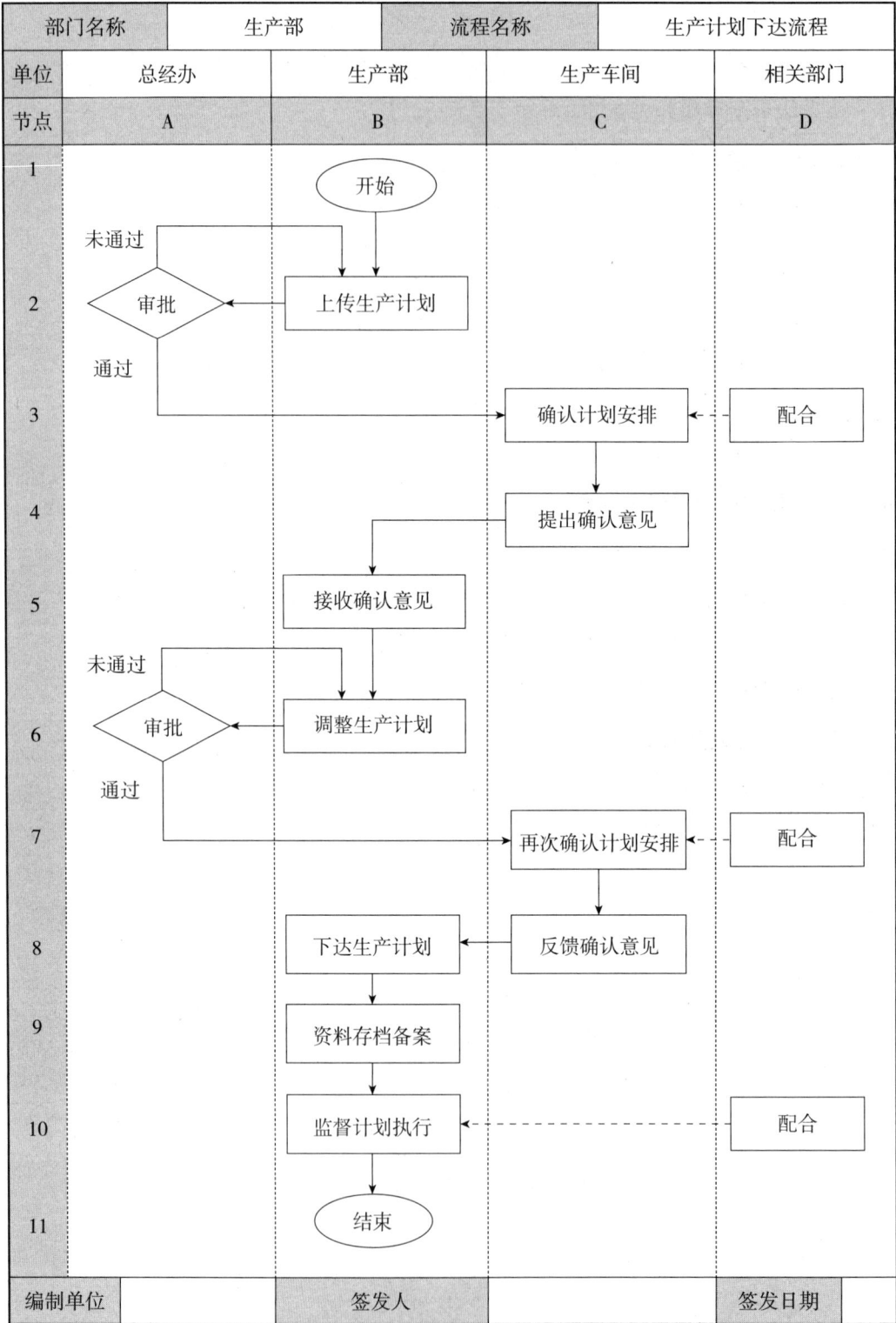

图4-6　生产计划下达流程

2.执行关键点

生产计划下达执行关键点如表4-8所示。

表4-8　生产计划下达执行关键点

关键点	细化执行
B2	生产部将审定通过后的生产计划，及时上传到内部系统，等待总经办审批
C3	总经办审批通过之后，各生产车间确认各自的生产计划和安排，根据相关部门的供应情况，确定生产计划的合理性
B6	生产部接收各生产车间的意见，根据各生产车间的意见合理地调整生产计划，以更符合生产车间的实际情况
C8	生产车间接收修改后的生产计划，确认无误后，及时反馈
B10	生产部要监督各生产车间生产计划的执行情况，根据实际情况随时调整生产计划，以更好地完成生产订单

4.4.2　生产计划下达规范

为避免延误生产计划的执行，需要及时将生产计划下达给各车间或班组。在生产计划下达的过程中，需要遵循一系列的规范，以确保生产计划下达的准确性与及时性。

生产计划下达规范
第1章　总则

第1条　目的

为了规范生产计划的下达程序，确保生产计划下达的及时性和准确性，提高生产效率和生产质量，特制定本规范。

第2条　适用范围

本规范适用于生产计划下达工作的管理。

第2章　生产计划线上下达程序

第3条　上传生产计划

1.生产计划主管将生产计划纸质或电子版数据完整地输入到内部系统。上传生产计划必须按照内部系统要求的格式和标准进行，以确保数据的准确性和一致性。

2.生产计划上传时，需要核对上传内容并进行必要的修改。

第4条　审批生产计划

1.生产计划上传到内部系统后，具有审批权限的总经理或生产部经理需要对上传的生产计划进行审批，检查生产计划的合理性和可执行性。

2.生产计划主管及时跟踪审批进度，关注审批意见，根据审批意见合理地调整生产计划，以便能更好地完成生产任务。

第5条　下达生产计划

1.生产计划经审批通过后，各车间要仔细审核下达的生产计划，判断车间的生产能力是否与生产计划相匹配。

2.生产计划不符合实际情况的，要向生产计划主管说明理由。

第6条　调整生产计划

生产计划主管根据车间反馈的意见和工厂的实际情况，调整生产计划，将调整后的生产计划重新上传到系统。

第7条　确认最终计划

各车间查阅修改后的生产计划，确认最终的生产计划。

第8条　监督计划执行

生产计划主管监督生产计划的执行，根据生产情况判断产品是否能按期交货。

第9条　修改生产计划

当生产计划的执行情况与编制的生产计划不相符时，要撤销上传的生产计划，并进行重新修改。修改后重新上传到内部系统，经审批通过后，下达给各车间，由各车间确认生产计划后重新安排生产任务。

第3章　线下生产计划下达程序

第10条　生产计划审批

1.生产计划主管将纸质版的生产计划提交给总经办和生产部经理进行审批，由总经理和生产部经理判断编制的生产计划的可执行性。

2.总经办和生产部经理根据工厂的实际情况和外部环境，提出调整意见。

第11条　生产计划下达

生产计划主管根据审批意见调整生产计划。并将审批通过后的生产计划下达给各车间，由各车间确认并回复意见。

第12条　生产计划调整

1.各车间接到生产计划后，要分析评价生产计划执行的难易程度，判断生产计划的合理性，及时与生产计划主管联系，沟通情况。

2.各车间及时确认生产计划内容并回复确认意见。

第13条　生产计划最终确认

生产计划主管将最终的生产计划下达给各车间，由车间根据生产计划安排生产任务。

第14条　监督计划执行

生产计划主管监督车间生产计划的执行，及时发现存在的问题，以便修改生产计划，保证交期。

第15条　修改生产计划

根据生产过程中存在的问题，及时修改生产计划，并将修改后的生产计划交由生产部经理及总经理审批，审批通过后，下达给各车间确认和执行。

第4章　生产计划下达标准

第16条　下达时间

生产计划应该在规定时间内下达，以确保生产计划的及时性和有效性。

第17条　下达事项

下达的生产计划应该规范明确，计划内应包括生产流程、资源分配、时间期限和成本预算等各项指标。

第18条　审核人员

生产计划的审核人员应具有相关的经验和知识，能针对生产计划提出合理的建议。

第5章　生产计划下达关键事项

第19条　下达前要审批

生产计划下达前必须经过生产计划审定小组或者总经办的审核和批准，以确保生产计划的准确性和有效性。

第20条　遵循下达流程

生产计划的下达必须遵循相关标准和流程。注意线上和线下生产计划下达的不同点，确保实际操作的质量和效率。

第6章　附则

第21条　编制单位

本规范由生产部负责编制、解释与修订。

第22条　生效日期

本规范自××××年××月××日起生效。

4.4.3　生产计划下达通知书

为避免生产计划接收错误或者信息不明确，以及在生产计划的下达过程中发生纠纷，生产部通常会形成书面的正式文件，向各生产车间发送生产计划下达通知书。

生产计划下达通知书

×××车间：

根据工厂生产计划的安排，现将××××年第×季度的生产计划下达给×××车间，请仔细阅读并认真执行。

一、生产任务

1.生产A产品，数量为_____件。

2.生产B产品，数量为_____件。

3.生产C产品，数量为_____件。

二、生产时间

1.A产品的产品交期为××××年××月××日，生产周期为_____天，要在××××年××月××日完成生产，等待检验。

2.B产品的产品交期为××××年××月××日，生产周期为_____天，要在××××年××月××日完成生产，等待检验。

3.C产品的产品交期为××××年××月××日，生产周期为_____天，要在××××年××月××日完成生产，等待检验。

请认真执行生产计划，确保生产任务按时完成。如有问题，请及时与生产部联系。

生产部

××××年××月××日

4.5　生产计划编制精益化实施指南

4.5.1　季度、月度生产计划编制实施方案

为确保产品质量和交期，可将主生产计划拆分为季度、月度生产计划，将生产目标细化到每一个季度或月度，以更好地完成生产任务。

季度、月度生产计划编制方案

一、目标

1.明确生产任务。明确季度、月度要完成的任务及其涉及的产品类型、产品规格、产品数量等。

2.平衡生产资源。准确把握工厂拥有的生产资源，包括设备、人员、原材料、工具、仪器等。

二、具体执行

（一）季度生产计划

1.收集数据。收集需求、订单、销售等数据，分析历史业绩和未来趋势，分析每个产品的生产周期和产量，确立季度生产计划目标。

2.制订计划。根据收集到的数据，制订季度生产计划，以确保生产流程的高效稳定。

3.审批计划。为确保季度生产计划的可行性，应将季度生产计划提交总经办审批，检查季度生产计划的合理性。

（二）月度生产计划

1.分析生产数据。分析和研究月度生产数据，为月度生产计划提供依据。

2.确定生产目标。通过讨论，确定下一个月的生产目标，包括产能、成本和利润目标，并按照产能计划、设备运行状态和员工班次安排等情况，制订生产计划。

3.审核生产计划。对生产计划进行审核与评估，确定月度生产计划，并提交给总经理审批。

4.跟踪计划执行。跟进月度生产计划的实施情况，及时发现计划执行中出现的问题。

5.汇总月度数据。汇总生产数据，反馈生产成本、产品质量、销售业绩等情况，为下一个月的生产计划编制提供数据支持。

三、注意事项

1.提前制订计划。季度、月度生产计划应尽早制订，以减少误差，避免产品生产过量或过少。

2.适时调整计划。季度、月度生产计划要根据市场变化及时调整，保证计划符合实际情况，确保生产计划按时完成。

3.生产计划要考虑生产过程中人员调整、设备维护和其他相关问题，对每一个环节都要做到精确安排，协调各部门之间的关系，保证顺畅运转。

四、成果预期

1.通过季度、月度生产计划的制订，提高工厂盈利能力，减少生产成本。

2.通过季度、月度生产计划的制订，提高工厂的生产效率，保证产品质量。

3.通过季度、月度生产计划的制订，有效避免生产过程中的问题，提高生产能力。

五、保障措施

1.加强对生产人员的技术培训，针对生产流程的不同环节开展技术培训，提高员工的技术水平。

2.制定严格、全面、科学、合理的质量控制标准，对生产过程中的各环节进行监督和把控，提高质量管理水平。

3.建立良好的工厂文化和工厂精神，加强管理团队建设，严格执行人员考勤制度，完善岗位职责及相应的奖惩制度。

4.5.2　临时、加急生产计划编制管理办法

为避免临时、加急的生产影响正常的生产，或为保证临时、加急的生产订单能按时交付，需要编制临时、加急的生产计划，确保生产交期。

临时、加急生产计划编制管理办法
第1章　总则

第1条　目的

为规范临时、加急生产计划的编制，确保生产计划的顺利进行，保证交期和生产质量，提高客户的满意度，特制定本办法。

第2条　适用范围

本办法适用于临时、加急生产计划编制工作的管理。

第2章　临时生产计划编制程序

第3条　按照重要性分级

1.按照临时订单的重要性、利润水平、生产难度等因素对订单进行评估，以确定订单的优先级和进行生产计划的制订。

2.将临时订单分为多个级别，如"重要订单""一般订单"和"普通订单"等。

（1）对于重要的订单，生产计划可以做出相应调整，安排更多的人力和设备资源，缩短生产周期，确保订单能够及时完成。

（2）对于一般订单和普通订单，工厂可以更好地规划生产流程和生产资源，以确保能够获得合理的利润。

第4条　评估实际情况

1.全面了解工厂整体状况，如劳动力、生产线数量等，从而掌握工厂的生产能力和实际情况。

2.核查工厂现有的各项资源，包括原材料存量、生产设备状态、生产线数量和所需的仪器软件等，以判断工厂是否处于良好运转的状态，从而确定生产计划所需的具

体设备和资源。

3.明确工厂的人力资源状况，包括人员的数量、能力和技能，从而为临时生产计划的制订提供关键信息。

第5条　编制生产计划

1.根据临时订单的具体要求，如产品类型、数量、时限等，编制临时生产计划。

2.编制临时生产计划时应充分考虑风险的影响，提前制订危机应对计划，减轻风险事件对工厂的影响。

第3章　加急生产计划编制程序

第6条　权衡紧急程度

1.分析加急订单的重要性。对工厂业绩有重要贡献或具有高度潜在价值的客户，加急需求应该被优先处理，以保持良好的关系和客户满意度。

2.分析加急订单所涉及的生产成本和费用，包括人力资源调度、材料采购和加工等。权衡加急订单成本，确保能为工厂带来利益。

3.分析加急订单的交货期限。对于需要快速处理的订单，工厂需要对内部生产流程进行优化，以制定出快速处理的流程，确保加急订单快速完成。

第7条　调配生产资源

1.根据生产需求，优化资源配置，保障原材料的稳定供应，保证加急生产计划的顺利实施。

2.根据实际生产情况和人员安排的变化情况，调整工作时间和任务分配，优化人员的安排，确保任务的及时完成。

第8条　制订生产计划

严格依据紧急任务的要求，确定任务的时限和完成目标，编制加急生产计划，确保生产计划的准确性和实用性。

第9条　进行管理监督

在加急生产计划的实施过程中，不断监督生产进度和产品质量，并进行管理和调控。针对生产过程中出现的问题，不断分析原因并采取有效措施，以确保生产计划的准确性和有效性。

第4章　临时、加急生产计划编制要求

第10条　快速反应、决策

1.编制临时、加急生产计划时，要快速反应和决策，在较短时间内完成计划的编制和实施工作。

2.生产部要及时与相关部门进行沟通，了解客户需求、生产工艺流程等情况，以确保最终生产计划符合质量和客户要求。

第11条　充分保障供应

1.为满足临时、加急生产任务的要求，需要确保物资、设备和人员等生产资源的充分配备，并进行调度和利用。

2.对于临时加急生产计划，生产资源的使用应更为灵活和合理，以确保最少的投入和最大的产出。

第12条　合理分配任务

1.分配临时、加急的生产任务时，要确保员工分工明确，具有针对性，能够高效执行工作，最大限度满足生产的需求。

2.车间管理人员需要快速处理生产过程中的问题，及时调整任务分配，保证生产车间的正常运行和紧急任务顺利完成。

第13条　增强质量保障

临时、加急生产计划的编制需要加强生产过程中的质量控制，确保产品质量满足标准，并避免生产风险和质量问题。

第14条　详细记录过程

临时、加急生产计划编制需要确保编制的各个环节都能够被详细地记录，遇到特殊情况，应及时反馈并调整生产计划，以便调整和改进计划的执行流程。

第5章　附则

第15条　编制单位

本办法由生产部负责编制、解释与修订。

第16条　生效日期

本办法自××××年××月××日起生效。

4.5.3 工艺、工序生产计划编制管理办法

为避免在生产过程中生产人员操作不规范导致产品出现质量、安全等问题，需要编制工艺、工序生产计划，以保证生产任务的顺利完成。

工艺、工序生产计划编制管理办法

第1章 总则

第1条 目的

为有效控制生产过程，保证生产过程的高效、稳定，并满足产品质量的要求，规范生产工艺和生产工序计划的编制工作，特制定本办法。

第2条 适用范围

本办法适用于工艺、工序生产计划编制工作的管理。

第3条 编制依据

1.工艺流程。根据工艺流程，以及加工工序、加工设备和加工条件等编制。

2.工序先后顺序。根据各个工序的先后顺序编制。

3.时间安排。根据每道工序所需的时间，确定生产计划的时间节点，从而进行计划编制。

第2章 工艺生产计划编制

第4条 明确工艺流程

1.工艺生产计划中需要明确工艺流程，包括流程中涉及的原材料采购、生产线管理、生产过程控制、产品质量检验等多个方面。

2.通过明确的工艺流程，监测产品生产的各个环节，及时对生产环节中出现的问题进行调整和修正，确保生产计划的准确性。

第5条 分解生产工艺

1.将产品的工艺分解为一系列具体的生产工序，对产品加工的关键工艺进行分析和优化，保证产品生产的质量和速度。

2.在工艺分解过程中，需要对生产用具、设备和人员技能等进行评估和优化，确保产品能在规定期限内完成。

3.分解生产工艺的三个步骤。

（1）对产品整体工艺进行分析，了解产品的特性，找出生产工艺的瓶颈及其需要解决的问题。

（2）深入研究每个工艺的步骤，确定实际需要的生产用具、设备和人员技能。

（3）对生产工艺进行创新、改进和优化，以提高生产效率和产品质量。

第6条　考虑生产进度

工艺生产计划需要考虑生产进度的影响，明确每个工序的完成时间，根据实际生产情况及时调整进度。

第7条　监测评估质量

建立一套严格的质量监测和评估制度，监测和评估工艺生产过程中的各个环节，以提高产品质量和生产效率。

第8条　编制工艺生产计划

1.在编制工艺生产计划时要充分考虑工艺资料的影响，对生产过程中的材料和设备进行细致的检查，以确保工艺流程的稳定性。

2.编制过程要考虑外部环境的影响，如市场需求、工厂内部变化等因素。

3.编制过程还要考虑工艺风险，需要经过比较复杂的工艺流程的，应高度关注整个生产过程中的潜在风险。

第3章　工序生产计划编制

第9条　明确工序设计

1.根据产品设计方案，确定生产所需的工序及工序之间的关系。

2.考虑各个工序的流程技术和加工环节，依据产品设计和产品规格进行调整，确保生产流程的可控性和高效性。

3.将工序设计结合到实际生产过程中，不断总结输出的数据和信息，协调各方资源，按照生产计划的要求进行协同工作。

第10条　分配生产资源

1.安排好每个工序所需的准备工作，包括设备和人员等，确保生产过程高效、有序地进行。

2.掌握各个工序的生产过程，及时调整和管理生产过程，控制生产成本，并提高生产效率和产品质量。

第11条　建立沟通机制

1.建立工序沟通机制，实现不同工序之间的对接。通过交流信息，部门间共同解决生产过程中的问题，并对生产进度进行合理协调。

2.通过工序沟通机制为各个部门分配明确的职责和任务，使各部门更好地进行团队协作，从而实现协同生产。

3.沟通协调机制可有效协调各部门之间的工作，避免工序之间的不必要的时间浪费和生产效率的降低。

第12条　编制工序生产计划

1.根据产品工序的数量、工序所需的时间及实际生产资源的评估等综合因素，编制合理可行的工序生产计划。

2.编制工序生产计划时，要分析生产任务、生产流程、成本和资源等因素，最大限度地提高生产效率和产品质量。

第13条　编制作业指导书

根据工序生产计划和技术规范要求，编制出详细的作业指导书，确保生产过程中的各项任务得到精准执行。

第4章　附则

第14条　编制单位

本办法由生产部负责编制、解释与修订。

第15条　生效日期

本办法自××××年××月××日起生效。

05

第 5 章

生产计划执行、排产与排期精细化

5.1　生产计划执行

5.1.1　生产计划执行的影响因素

生产计划是产品交付阶段的基本保障,工厂通过对生产任务做出统筹安排来实现供应目标。生产计划执行的过程就是协同各部门准确、稳定、快速地完成交付,但生产计划在实际执行过程中的效果受到下列因素的影响。

1.预测的准确性和订单的稳定性

生产计划是基于一定的预测和假设条件制订的,而工厂在进行生产预测时,很难做到根据销售预测、市场分析情况进行绝对准确的定量生产。因插单、改单、加单、消单现象普遍存在,导致整个订单的预测、下达都处于不稳定状态,给安排生产和采购带来很多不确定因素。

2.PMC职能发挥水平

PMC(生产与物料控制)岗位人员排计划过于理想化,对产能和资源计算不足,计划管理不严格,不能平衡各生产车间的进度,计划的调整过于频繁,这些因素都会严重影响生产计划的执行。

3.物料协同情况

很多工厂误认为精确到小时进行作业管控就能确保生产计划的执行,但忽略了生产物料的协同管理。工厂物料管理处于粗放状态,存在库房数据反馈不及时,生产流程的中间数据难以掌握,材料损耗率难以控制,生产周期难以精确控制,供应链和采购难以管理,订单难以跟踪等诸多管理方面的难点问题。

4.BOM的完整性和准确性

由于BOM(物料清单)错误和更新延迟,在工厂的生产过程中产生了大量的呆滞物料和缺料现象。这些问题导致物料需求不能及时满足,给工厂的产销存带来了不可忽视的脱节风险。为了应对这些风险,仓库和车间不得不增加库存,这样就干扰了原本的生产计划,影响了生产计划的有效执行。

5.设备与人员内部管理问题

生产计划执行者的意识、素质和操作熟练程度，以及工厂现有的设备、技术水平等，与生产计划的执行情况密切相关。如果工厂设备老化、人员培训不充分，那么计划的执行就会受到限制。

6.供应链管理

生产计划的执行效果也受到供应链的影响。如果供应链管理能力弱，如采购物料的及时率低，交货时间长，那么就会导致生产计划延迟或无法按时完成。

7.成本控制

生产计划的执行效果也与成本控制紧密相关。如果成本控制不严格，如物资缺乏或者生产过多的废品，那么就可能导致生产计划无法准时执行。

5.1.2　连续生产执行过程管理办法

针对连续生产执行过程中的生产任务、协同运作和现场管理等方面，制定相应的连续生产执行过程管理办法来确保生产质量和安全是十分必要的。

连续生产执行过程管理办法

第1章　总则

第1条　目的

为更好地制订生产计划，有效控制生产成本，提高生产效率和生产品质，同时强化内部管理，增强外部竞争力，特制定本办法。

第2条　适用范围

本办法适用于工厂连续生产执行过程工作的管理。

第2章　连续生产计划执行程序

第3条　生产资源管理

1.按时盘点计划中所需的材料数量和种类，特别是关键产品的外协件和自制件。

2.确保在供应商出现断货时，有其他渠道保证物料的供应。

3.在生产资源不足时，要按照经济性原理对资源进行分配。

4.缩短采购的提前期，降低存储费用。

第4条　设备状态评估

1.生产部在连续生产开始前,应根据生产计划和工艺流程选择符合要求的设备。设备选型应考虑设备功能、运行稳定性、设备尺寸与场地的匹配程度、成本等因素。

2.为了确保顺利完成连续生产过程,设备管理人员应对生产设备进行逐台检查并填写生产设备检查表,确保其可靠性和完好性;进入现场的生产设备应全部经过能力认可,并具备能力认证表,记录应真实准确。

第5条　建立操作规范

生产部经理应建立操作规范,明确每个步骤的操作方法和注意事项。操作规范应包括清洗、消毒、检验、维护和调整等方面的内容。

第6条　人员调配和培训

生产部经理应根据生产计划调配生产人员,并对从事连续生产的人员进行培训,使其具备理论知识和实践技能。

第7条　任务分配

生产部经理应根据生产计划确定生产任务和完成期限,并分配给各个生产车间。

第8条　生产计划执行

生产计划执行过程中,生产人员应注意生产线平衡、误差控制和质量检测,确保生产达到预期目标。同时,应对生产进度进行实时跟踪和监控,及时反馈生产状况,不断优化生产流程。

第9条　生产现场管理

1.组织操作人员培训,建立作业规范。

2.实施现场巡检制度,检查设备和工具的状态。

3.建立现场维护、安全和质量管理制度,完善管理措施。

第3章　连续生产过程控制

第10条　供应链控制

1.供应商管理。选择合适的供应商,与其合作之前进行风险评估,并建立长期的合作关系。

2.物流管理。对于商品的采购、配送和库存管理等都需要进行严格的监控和管理,以确保物流管理流程的高效性和可靠性。

3.仓储管理。对物料的入库、出库、归档等管理都需要进行规范化和标准化的管理。

4.生产管理。对于生产计划、工厂设备和人员的管理都需要进行有效的组织和协调。

5.销售管理。市场需求变化的监测和预测、销售计划的制订和执行，以及销售渠道的管理等都需要进行有效的控制和监督。

第11条　设备控制

1.设备检查和维护。定期检查所使用的设备是否正常运转，及时发现并排除问题，确保设备处于最佳状态，提高设备的使用效率。

2.设备操作控制。设备的操作应符合标准操作流程，确保操作人员的正确操作和安全操作。

3.设备质量管理。通过对生产过程中涉及的各种设备进行严格的质量管理，确保设备的质量符合标准，提高设备的使用寿命。

4.设备改进。及时对生产过程中的设备进行改进和升级，提高设备的性能和效率，同时降低生产成本、减少环境污染。

第12条　质量控制

1.工艺管理控制。合理配置生产器具，不断改进生产工艺，优化作业环境。

2.技术控制。制定规范的生产工艺流程，并建立可靠的工艺控制系统。工艺流程设计应考虑产品特性、原材料属性、环保要求、生产周期等因素。

3.作业管理控制。完善生产车间的管理制度，加强现场监督和指导，以确保生产中的问题能够及时被发现和解决。

4.质量跟踪控制。建立完善的质量管理体系，从原材料入库到产品出库的整个流程都要进行全过程质量控制。设置检测点，采取多种手段进行产品质量检验，及时发现并处理问题。

第13条　进程控制

在生产过程中，需要对生产物料的质量、生产设备的运行状态、工人的操作流程等进行实时控制，以确保产品质量。

第14条　半成品控制

1.半成品检查。在生产过程中，定期对半成品进行检查、测试和监测，及时发现和排除半成品的质量问题，确保半成品符合产品质量标准。

2.半成品追溯管理。建立完善的半成品追溯体系，跟踪半成品从生产到加工的所有流程，保证整个生产过程无差错。

3.半成品存储管理。半成品在存储过程中应根据不同的物料特性和生产需要，采取不同的存储方式，确保半成品存储期间不受损失。

第15条 人员控制

1.人员培训。为生产过程中涉及的每个人员提供必要的工作技能培训，加强对安全操作、行业规范和行业标准方面的培训，提高人员技能。

2.人员分工管理。根据生产过程的需要，合理分配每个人员的工作任务，设定清晰的职责和工作目标，并加强对相关工作的管理和监控。

3.人员数据记录和汇报。对每个人员的工作情况和工作成果进行数据记录和分析，及时发现问题并优化工作流程，提高生产效率和生产质量。

第4章 连续性生产问题解决

第16条 问题解决预案

针对设备故障、严重供应链问题等制定紧急应对预案，以便在出现问题时能够快速响应。预案应明确指出处理问题的步骤和责任，以便在需要时能够快速采取措施。

第17条 紧急问题处理

在连续生产过程中发生紧急问题时应按以下步骤进行处理。

1.快速通知相关人员。一旦发现紧急问题，应立即通知相关负责人，同时要明确各自的职责和分工。

2.评估问题的严重程度。对紧急问题进行评估，确定其严重程度和影响范围。各级负责人应根据实际情况及时决策，并采取必要的措施。

3.收集必要信息。在处理紧急问题的过程中，应及时收集和整理各方面信息，如设备运行情况、产品质量情况等，以便更快做出判断并解决问题。

4.紧急处理方案。制定紧急处理方案，明确解决问题的步骤和责任人，并采取必要的措施。

5.审查和改进。在紧急问题解决之后，需要对产生问题的原因进行审查和改进，以便避免类似问题的发生。

第5章 附则

第18条 编制单位

本办法由生产部负责编制、解释与修订。

第19条　生效日期

本办法自××××年××月××日起生效。

5.1.3　间断生产执行过程管理办法

与连续生产方式相比，间断生产方式存在更多的难度和风险，需要采取特殊的管理办法来保障生产质量、生产效率和生产安全，运用科学、合理的间断生产执行过程管理办法，能够更好地帮助工厂控制生产过程中的产品质量、成本和交货时间。

间断生产执行过程管理办法

第1章　总则

第1条　目的

为提高工厂生产效率、保证产品质量、降低生产风险和生产成本、加强各部门间的沟通协调，使生产过程更加稳定和可控，特制定本办法。

第2条　适用范围

本办法适用于间断生产执行过程工作的管理。

第2章　订单管理

第3条　订单需求分析与预测

1.市场部应掌握主要客户的经营状况、销售特征、动态变化、品牌结构等信息。对市场需求和客户需求进行分析，确定所需产品的数量、品种和交货时间等。

2.市场部应充分了解工厂在计划期内可提供产品的种类和数量，了解工厂近期的营销要求，把握季节变化等因素对销量的影响等，力求接收到的订单有针对性。

3.市场部应对历史订单情况进行分析预测，并根据当前接收到的订单数量调整相关预测参数，以增强预测结果的准确性。

第4条　资源评估

在确定需求后，需要对所需资源进行评估，包括对人力、设备和材料等方面资源的评估。评估结果将决定最终生产计划的实施难度。

第5条　制订生产计划

在完成需求和资源评估后，生产部应根据评估结果制订间断生产计划。生产计划应考虑资源利用率、时间分配，以及生产工序的复杂程度和制造周期等的影响，以达到高效率、低成本的要求。

第6条　异常情况处理

当订单执行过程出现异常情况时，需积极采取措施进行处理。

1.出现缺料等问题应及时通知客户，并及时配送原材料。

2.生产设备出现故障时应立即进行维修或更换，以确保订单的准确执行。

第7条　追踪和调整

订单确认后，生产部需不断跟踪生产进度，若发现延误或其他问题，需及时通过调整计划、提高效率等方式进行解决。同时需要定期召开生产会议，总结经验教训，优化管理流程和提高生产效率。

第3章　作业切换问题管理

第8条　资源到位与现场问题

在作业切换前，需要先确定所需资源是否已经到位，包括人力、物料、设备等资源。资源的到位情况将直接影响整个作业切换的进度和质量。在作业切换过程中，需要实时了解现场情况，对现场资源的使用状态进行监控，及时发现问题并采取措施解决问题。

第9条　设备完好问题

1.制订设备保养计划和设备故障维修计划，并将它们纳入切换计划中。

2.在作业切换前，需要提前进行设备的调试工作，排除设备故障和其他技术问题，确保在作业切换过程中设备的运行是可靠的。

第10条　员工操作与注意事项

作业切换的操作人员，需要严格遵守操控流程、安全操作规程等安全规定，确保人员和设备的安全。

第11条　问题解决与应急管理

1.识别问题。在作业切换过程中，要及时发现问题，包括但不限于设备故障、物料短缺、操作不当等，以便对问题进行针对性的解决。

2.快速响应。针对应急情况，应快速响应，并对问题责任人进行指导，对事故进行协调。

3.及时纠正问题。在应急情况下，需要迅速纠正问题，恢复生产进度，并做好记录和分析，以便全面总结并优化生产流程。

第4章 车间管理

第12条 制定生产工艺流程

在生产计划确定后，需要根据产品的设计理念和技术要求，制定详细的生产工艺流程。工艺流程应明确各个加工环节、设备和工具的使用方式、检测标准等信息。

第13条 生产计划与进度的监控管理

1.对生产过程进行监控，及时反馈生产计划和进度的情况，并进行调整，确保生产按照计划进行，提前预测并预防生产延误状态的产生。

2.根据实际生产需要调整生产计划，解决生产问题，确保生产过程的正常进行。

第14条 车间员工管理

1.对车间员工进行生产技能培训、安全操作培训，确保员工能够高效、安全地执行生产计划。

2.指导操作人员进行设备维护，保证设备正常工作，确保生产过程的安全和质量可靠。

第15条 工序监控和品质管理

在生产过程中，质量管理人员要对主要工序进行实时监控和记录，及时发现问题并进行处理。同时采用先进的检测设备和技术对产品进行严格的检验和测试，确保产品合格率达标。

第16条 统计分析与总结

对生产过程中的生产效率、质量、故障情况等信息进行收集与统计分析，不断总结经验，优化管理流程，改进操作方法，促进工厂整体工作效率的提高。

第5章 附则

第17条 编制单位

本办法由生产部负责编制、解释与修订。

第18条 生效日期

本办法自×××年××月××日起生效。

5.2　生产计划排产

5.2.1　生产计划排产原则

生产计划排产原则是制定生产计划排产方案时需要遵循的一系列规则，是工厂生产活动中不可或缺的一部分，因此生产计划排产也被称为工厂生产的指挥棒。工厂在计划排产时，需要遵守一定的原则，以保证排产的有效性和质量。

1.客户需求优先原则

客户需求优先原则是生产计划排产的基本原则之一，即以客户需求为导向，产生确定的生产资源需求和先后顺序，以满足客户订货查询的时间要求、数量要求、质量要求及符合标准的交货期等。

2.资源优化配置原则

资源优化配置原则是指按照生产条件和工序特点，科学配置生产资源和工序流程，以提高资源利用率和生产效率的原则。

3.供应链协同原则

供应链协同原则是指工厂内部各生产单位及外部合作伙伴之间加强沟通和协调，共同制定生产计划排产方案，并根据排产结果进行相应的调整，以实现生产计划的流畅和稳定的原则。

4.生产流程最佳原则

生产流程最佳原则是指按照工艺流程规定，科学制定标准化生产程序和工艺技术，降低制造成本和生产周期，并确保生产计划的顺利执行的原则。

5.质量优先原则

质量优先原则是指在生产计划排产过程中，优先考虑产品质量，加强过程监控，避免生产过程中出现问题，从而保证产品质量的稳定和可靠的原则。

6.经济效益优先原则

经济效益优先原则是指在生产计划排产过程中，优先考虑工厂的经济效益，合理调配生产资源，降低生产成本，最终达到生产效能的提高的原则。

5.2.2　生产计划排产算法

生产计划排产算法是指在制订生产计划后，对生产资源进行合理的排布和调度，使生产过程中物料、设备和人力资源的利用率最大化，同时保证生产计划的按时完成。常用的生产计划排产算法有最短工期算法、最早交货期算法、按照工期和交货期之间的距离算法、CR值（Critical Patio）算法4种。

1.最短工期算法

生产计划排产的最短工期算法是指在给定资源限制条件下，确定完成生产任务所需的最短时间的一种算法。下面介绍2种常用的最短工期算法。

（1）关键路径算法（Critical Path Method，CPM）

关键路径算法是一种构建项目网络图的方法，可以帮助工厂确定完成项目所需的最短时间。其具体操作步骤如下。

①列出项目活动清单。对于需要完成的项目或任务，按照先后顺序列出所有活动，并标注其持续时间和前置活动。

②绘制网络图。根据①中的信息，绘制出活动之间的逻辑关系和依赖关系，形成网络图。

③确定关键路径。在完成网络图后，确定关键路径上的活动和其完成的持续时间，这些活动的完成时间将限制整个项目的进度。

④计算总工期。根据关键路径上的活动和活动持续时间，计算出完成整个项目所需的最短时间。

（2）PERT算法（Program Evaluation and Review Technique，计划评审技术）

PERT算法也是一种构建项目网络图的方法，它采用概率模型来估计各个活动的完成时间，以便确定完成整个项目所需的最短时间。其具体操作步骤如下。

①列出项目活动清单。对于需要完成的项目或任务，按照先后顺序列出所有活动，并标注其持续时间和前置活动。

②绘制网络图。根据①中的信息，绘制出活动之间的逻辑关系和依赖关系，形成网络图。

③进行活动时间估算。对于每个活动，进行三次时间估算：最乐观时间、最悲观时间和最可能时间。

④计算活动完成时间。根据加权平均法，计算出每个活动的完成时间。

⑤跟踪总工期。根据④中的结果，跟踪整个项目的进度，并根据实际情况及时调整工作计划。

2.最早交货期算法

生产计划排产的最早交货期算法旨在确定生产任务所需的最短时间，以满足客户提出的最早交货日期。下面介绍2种常用的最早交货期算法。

（1）反向追踪算法

反向追踪算法是一种基于交货日期向前推导的方法，它通过反向计算工序和物料的生产时间确定需要开始生产的最早时间。其具体操作步骤如下。

①确定交货日期。根据客户的要求或市场需求，确定最早的交货日期。

②确定生产工艺流程。对于需要完成的订单，明确其生产工艺流程，并标注各工序所需的时间。

③ 反向计算生产时间。从交货日期开始，依次向前计算每个工序所需的时间，直到得到整个生产过程的总工期。

④调整计划。如果计算结果超出了允许的生产周期，则进行调整，如人员调整、优化流程等，以确保能够按时完成生产任务。

（2）线性规划算法

线性规划算法是一种通过数学模型来求最优解的方法，它可以同时分析多个资源约束条件和目标函数，以便确定最早交货日期。其具体操作步骤如下。

①建立数学模型。明确生产过程中各项生产任务的时间、资源约束条件和目标函数。

②解决线性规划问题。通过现有的求解工具，对线性规划问题进行求解，并得到最优解。

③确定最早交货日期。根据最优解，确定每个生产任务开始和结束的时间，以及总工期，进而确定最早交货日期。

3.按照工期和交货期之间的距离算法

按照工期和交货期之间的距离算法是一种综合考虑生产工期和交货期要求，以制订最佳的生产计划的方法。下面介绍2种常用的算法。

（1）工期和交货期差值算法

该算法是通过计算工期和交货期之间的时间差异（自由余量）来确定最佳的排产

计划的算法。其具体操作步骤如下。

①确定生产工艺流程。对于需要完成的产品或订单，明确其生产工艺流程，并标注各工序所需的时间。

②确定总工期。根据生产工艺流程，计算出整个生产过程的总工期。

③确定交货日期。根据客户要求或市场需求，确定最早的交货日期。

④计算自由余量。自由余量=交货日期–总工期。

⑤制订排产计划。根据自由余量，制订排产计划，同时考虑资源约束、物料和半成品的管理等因素。

（2）PDCA循环算法

该算法是基于PDCA（计划、执行、检查和改进）循环理论，针对工期和交货期之间的差异，通过反复迭代调整来达到最佳的排产计划的算法。其具体操作步骤如下。

①计划（Plan）阶段。根据生产工艺流程和交货期要求，制订初步的排产计划。

②执行（Do）阶段。按照初步的排产计划实施生产，监测生产过程中各项指标的变化，并记录数据。

③检查（Check）阶段。对执行阶段收集的数据进行分析和评估，确定是否达到预期效果，并确定需要改进的方向。

④改进（Action）阶段。根据检查阶段得出的结论，及时调整和完善当前的排产计划，并提出下一轮PDCA循环的计划。

4.CR值算法

生产计划排产算法中，CR值算法是一种综合考虑排产任务紧迫程度的算法，有助于制订最优的生产计划。CR值是指在给定资源限制的条件下，剩余时间与所需时间的比值。当CR值为1时，表示剩余时间与所需时间相等，此时任务非常紧急，需要优先处理；当CR值大于1时，表示剩余时间较多，任务不太紧急；当CR值小于1时，则表明剩余时间不足，任务非常紧急。其具体操作步骤如下：

①列出全部生产任务清单。对于需要完成的所有生产任务，按照先后顺序列出，并标注其持续时间、前置任务和交货日期等信息。

②计算任务剩余时间。根据当前时间和已完成任务的时间，计算出每个任务的剩余时间。

③计算任务所需时间。根据①中的信息，计算出每个任务的总工期。

④计算CR值。CR值=剩余时间÷所需时间。

⑤按CR值排序。按照CR值从小到大排序，以便优先处理低CR值的任务。

⑥制订排产计划。根据任务的优先级和资源约束等因素，进行排产计划制订。

需要注意的是，在实际应用中，由于生产环节的复杂性和不确定性，工厂需要结合自身情况选择或改进相应的算法，以达到最佳效果。

5.2.3　生产计划排产流程

通过生产计划排产流程对生产过程进行控制，可以使材料、人力、设备和工具有效运行，提高生产效率，降低生产成本，获得最大的经济效益，同时能够确保工厂按期、按质、按量地完成客户订单，满足客户需要。

生产计划排产流程如图5-1所示。

部门名称		生产部		流程名称		生产计划排产流程	
单位	总经理		销售主管		生产部经理		生产车间主任
节点	A		B		C		D

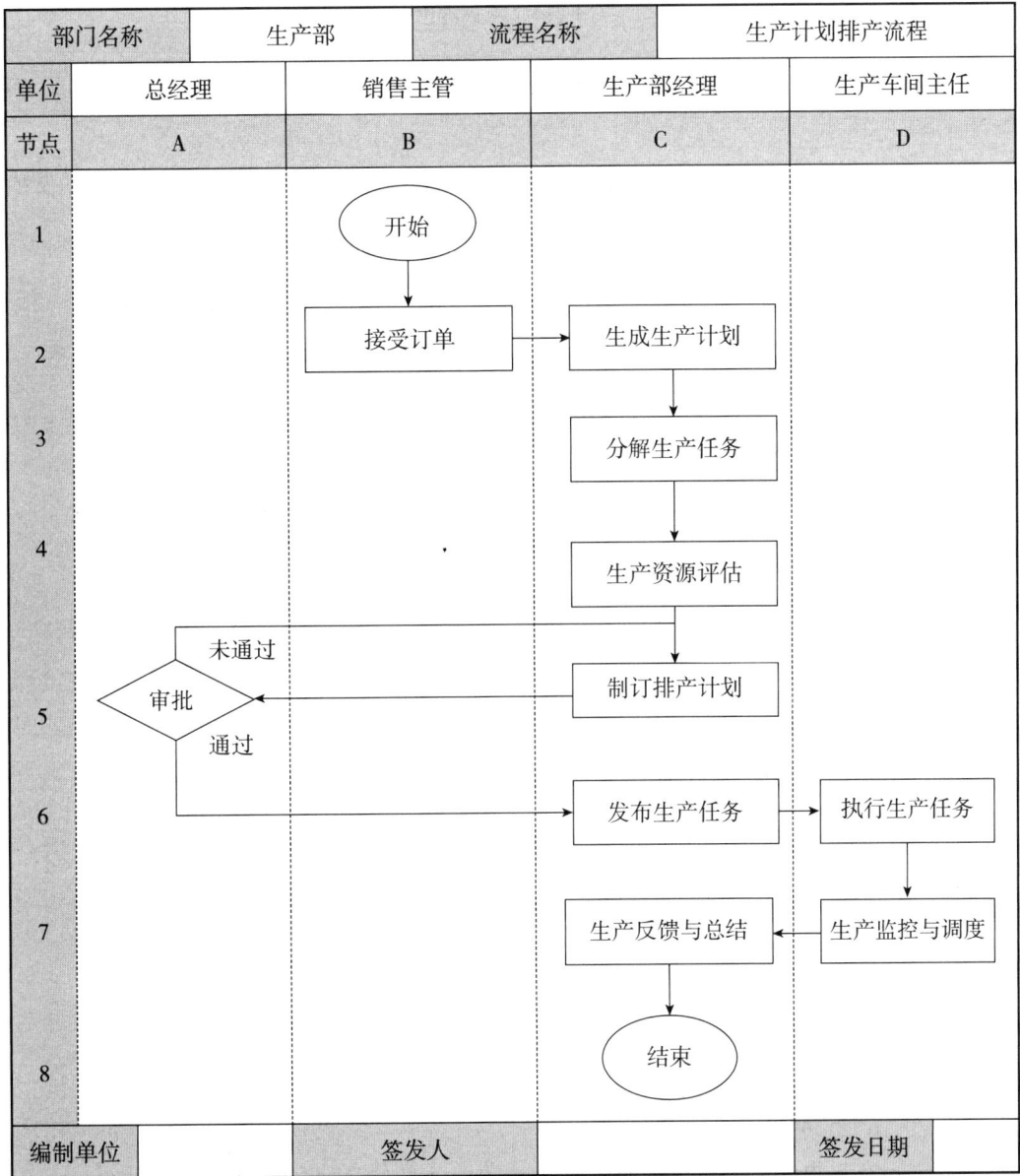

图5-1　生产计划排产流程

5.2.4　生产计划排产管理办法

制定科学、合理的生产计划排产管理办法能够帮助工厂实现生产计划的准确执行，保证产品质量，充分发挥生产设备和人员的优势，提高生产效率、降低生产成本、提升工厂竞争力。

生产计划排产管理办法

第1章 总则

第1条 目的

为规范工厂的生产计划排产流程，实现生产计划的准确、高效、稳定执行，保障产品质量，提升客户满意度，特制定本办法。

第2条 适用范围

本办法适用于所有生产车间的生产计划排产管理。

第2章 生产计划排产依据

第3条 订单和销售预测

销售部对客户订单和市场销售需求进行收集和整理，确定产品的数量、品种、交货期等相关信息，生产部依据实际需求制订生产计划。

第4条 生产设备和工艺能力

生产部进行生产计划排产时，应根据现有的生产设备数量和工艺水平，合理安排生产任务，使生产线尽可能达到最佳运行状态。

第5条 库存量

进行生产计划排产时，需要综合考虑工厂当前的库存水平、订单的紧急程度及物料供应情况，以确保生产与销售之间的衔接。

第6条 人员安排

合理配置人力资源，充分考虑员工的技术水平、工作经验及工作强度等，确保生产任务能够顺利完成。

第7条 物料供应

生产部在进行生产计划排产时，应充分考虑物料供应的稳定性和可靠性，以及采购成本等因素的影响，确保原材料和零部件供应充足，质量符合要求。

第3章 生产计划排产执行

第8条 确定优先级

根据生产任务的紧急程度和重要性，确定任务执行的优先级。在确定生产任务的优先级时，应该综合考虑紧急性、重要性、资源可用性、生产周期、交付时间、生产效益等因素，并根据实际情况进行权衡和决策。

第9条　确定生产周期和生产数量

根据生产任务的要求，确定生产周期和生产数量。确定生产周期和生产数量时应综合考虑市场需求、安全库存、生产设备的产能和成本限制等因素的影响，为进行合理的生产计划排产提供依据。

第10条　确定资源需求

根据生产任务的性质和要求，确定所需的人力、物力、资金等资源，并进行合理分配。

1.明确产品生产所需要的所有资源，包括人力、机器和原材料等，同时将不同类型资源的数量和运行时间等进行详细的分析和记录。

2.根据生产计划中所列出的生产任务，将所需资源与任务进行匹配，以确定每个任务所需的资源种类、数量和运行时间等。

3.在确定了每个任务所需的资源之后，进一步分析和计算生产过程中每一阶段所需的资源情况，以确保资源的合理利用。

第11条　确定生产流程

根据产品的工艺要求，确定生产流程，并排定各个生产节点的时间。

第12条　制订排产计划

按照确定的优先级、生产周期、生产数量、资源需求和生产流程，制订出具体排产计划。

第13条　跟踪生产计划执行情况

在生产计划执行的过程中，需要对生产进度进行跟踪和监控，并对可能出现的问题进行及时处理。

第4章　生产计划排产评估

第14条　评估指标制定

1.确定评估指标。指标通常包括设备利用率、员工效率、生产周期和交货期、产品合格率等。

2.设定目标值和对照标准，制定绩效考核表。

第15条　绩效分析和报告

1.对数据进行分析，找出关键问题和潜在问题，寻找根本原因并提出改进建议。

2.根据需要生成每天、每周或每月绩效报告，并向相关部门汇报。

第16条　生产计划排产绩效管理

1.通过对数据的分析和比较，确保生产计划在时间和质量上得到满足。

2.及时采取必要的改善措施和纠正措施。

第17条　绩效反馈和调整

1.通过对生产数据的统计和分析，评估生产效率，及时制定改进措施。

2.重新制定目标值和对照标准，推动绩效改善过程的顺利进行。

<h2 style="text-align:center">第5章　附则</h2>

第18条　编制单位

本办法由生产部负责编制、解释与修订。

第19条　生效日期

本办法自××××年××月××日起生效。

142

5.3　生产计划排期

5.3.1　多品种、小批量订单生产排期管理办法

在多品种、小批量生产排期的生产作业管理中，需要综合考虑成本、效率、效益和交期等多方面因素，并灵活运用不同的方法进行协调，从而有效提高生产效率和产品质量，以满足客户的需求。

<h3 style="text-align:center">多品种、小批量订单生产排期管理办法</h3>
<h3 style="text-align:center">第1章　总则</h3>

第1条　目的

为满足客户交付要求、缩短交期、统筹各部门资源、降本增效，实现多品种、小批量订单生产排期的准确、高效、稳定执行，保障产品质量和客户满意度，特制定本办法。

第2条　适用范围

本办法适用于多品种、小批量订单生产排期的过程管理。

第2章　多品种、小批量订单生产排期影响因素

第3条　经济效益

为了实现经济效益最大化，在进行多品种、小批量订单生产排期时应考虑生产设备、物料、库存、能源消耗等成本，尽可能将多个订单的生产任务进行合并，合理安排生产批次和产品数量，以实现利润最大化。

第4条　生产效率

在进行多品种、小批量订单生产排期时，应综合考虑设备利用率和人员效率，通过制定详细的工序操作指导书来优化生产流程，减少非生产时间、待机时间和浪费时间，从而实现生产效率最大化。

第5条　交期影响

在排期过程中，应该充分考虑不同产品的生产周期和生产工艺的复杂程度，以慎重安排工期，并在必要时与客户协商调整交期。

第6条　资源衔接

在进行生产计划排期时，应充分考虑原材料的采购周期、库存量和交货时间等。以免原材料供应不及时，导致生产计划无法按时完成。

第7条　设备衔接

对生产中使用的设备进行维护和保养，以保证设备的可靠性和稳定性。为确保设备的衔接性，避免出现生产中断的情况，需要对设备的维护保养进行统一规划和安排。

第8条　时间衔接

根据生产计划，合理安排人员的工作任务，确保生产计划能够有序进行，加强订单的时间衔接，及时发现和解决生产计划中可能出现的问题，在生产计划实施中保持前后的有机衔接，达到生产计划排期的高效稳定。

第9条　订单衔接

进行多品种、小批量订单生产排期时，应综合考虑订单数量、订单种类、交货时间等影响生产计划排期的因素，同时还需要考虑是否存在急单或者变更订单的情况，以确保订单的衔接性。

第3章　均衡化生产

第10条　合理调配生产资源

根据订单的数量和种类,合理分配机器、设备、人力等生产资源,避免因资源重复使用或资源不足而影响生产进度。

第11条　优化生产流程

通过分析生产流程,优化制造过程,降低生产成本和提高生产效率;采用精益生产等方法,减少物料和能源浪费,降低生产成本。

第12条　弹性的生产线

建立具有弹性的生产线,尽可能地减少生产调整时间,以快速响应客户需求的变化。

第13条　定期进行资源投入和利用评估

周期性地对生产所需的资源投入和利用情况进行检查,评估投资回报率,确保生产的经济效益最大化。

第14条　精细化管理与控制

在生产过程中建立生产管理信息系统,实时监控关键环节,及时发现和解决生产中存在的问题。

第15条　设立标准工时和人员培训体系

为了保证按时完成生产任务,需要设立标准工时,并进行人员培训,提高生产效率和质量。同时合理安排生产人员的工作时间,避免因疲劳等原因影响生产效率。

第16条　合理启用机器设备

根据产品特点和客户要求,选择合适的机器设备,避免资源浪费。

第4章　建立瓶颈与风险管理机制

第17条　确定生产关键节点和瓶颈环节

根据产品特性和生产工艺,确定生产的关键节点和瓶颈环节,加大对这些节点的调节力度,以确保及时完成生产任务。

第18条　优化设备和调整物料更换的时间占比

提高生产效率,并尽可能减少待机时间,对于不同类型的产品,应该采用不同的生产线进行生产,以实现效益最佳。

第19条 建立完善的物料管理体系

在安排生产计划时，应该根据实际需求合理安排物料进货量和库存量，并与供应商建立长期稳定的合作关系，避免因缺料影响生产计划。

第20条 风险管理机制

建立完善的风险控制机制，包括设定预警指标、制定应对方案、加强过程监控等。

第5章 优化改进

第21条 快速反应市场变化

从市场信息系统中收集新的市场需求，进行产品改良和工艺创新，并及时调整、优化生产线布局和生产节奏，以适应市场的快速变化。

第22条 反思与分析

1.对整个生产过程进行反思和分析，识别瓶颈和问题。

2.采用科学的方法和创新的思路改进生产过程，提高生产效率和生产质量，降低生产成本。

第6章 附则

第23条 编制单位

本办法由生产部负责编制、解释与修订。

第24条 生效日期

本办法自××××年××月××日起生效。

5.3.2 正常订单生产排期管理规定

通过执行正常订单生产排期管理规定，工厂可以提高生产效率、保证产品质量、降低生产成本，从而有效地提高工厂的市场竞争力和市场份额。

正常订单生产排期管理规定
第1章 总则

第1条 目的

为了规范正常订单生产排期的管理流程，避免不必要的等待和浪费，缩短订单加工周期，特制定本规定。

第2条　适用范围

本规定适用于正常订单排期工作的管理。

第2章　订单生产排期制定

第3条　订单的接收和汇总

1.实时汇总客户订单信息，包括产品名称、数量、规格、交期等，建立订单统计模板，对信息进行归档管理。

2.根据客户订单需求，对生产计划进行排期，并制订出每日、每月和每年的生产计划，保证客户订单按时交货。

第4条　评估生产资源及生产周期

1.评估工厂当前的生产能力和资源，包括生产设备、生产工艺和生产人员等。

2.根据工厂的生产能力和资源情况，确定生产周期和生产效率。

第5条　生产计划制订

1.根据客户需求和工厂的生产能力，将生产任务细分为不同的生产环节或工序，评估各个生产环节的时间需求和资源需求。

2.按照确定的生产工序，根据先后顺序和相应的生产节奏，制定具体的生产排期，确定生产完成的时间。

第6条　生产排期的制定

根据生产计划，结合市场需求、资源状况和工厂实际情况，对生产排期进行制定，并立足于当前生产销售任务的完成情况，合理制定未来几天或几周的生产排期，以确保生产任务能够按时完成。

第3章　订单生产排期审核

第7条　订单信息审核

1.对客户订单信息进行审核，包括订单名称、数量、交期等是否与实际情况一致。

2.对订单是否包含特殊要求、客户需求及规格是否明确等进行审核。

第8条　生产能力审核

1.审核工厂的生产能力，包括生产设备、生产工艺、生产人员、物料等是否能够满足生产要求。

2.根据订单数量、生产周期等，审核生产能力是否充足，或是否需要临时扩充生产资源。

第9条 订单生产排期审核

生产排期必须经过生产部经理的审核，并通过内部评审委员会的审核，以保证生产计划的合理性和有效性。审核时需充分考虑生产流程的稳定性和质量控制等方面的要求，以确保生产排期的可执行性。

第10条 风险评估

对订单生产可能出现的风险，包括生产设备、物料、人员和质量等方面的风险进行评估，同时制定应对措施，并在生产排期计划中做出特殊标识，引起注意。

第11条 订单生产排期确定

1.经过综合审核后，对生产排期进行最终确定，明确生产任务完成的时间，保证生产计划按时按质地完成。

2.将最终的订单生产排期应用到实际生产中，并进行持续监测和跟踪。

第12条 订单生产排期调整

1.建立订单生产排期执行情况反馈机制，根据实施情况进行总结和反馈，及时调整和优化生产排期计划。

2.结合订单生产的实际情况，总结和提炼生产排期审核和改进措施，并形成标准，以提高生产计划的可靠性和准确性。

第4章 订单生产排期执行

第13条 任务分解

1.根据客户订单、实际生产情况和生产周期，确定生产任务，并将生产任务划分为若干生产环节。

2.对生产任务按照工艺流程、工序时间、资源需求等方面进行细化管理，并建立生产任务的工序控制表。

第14条 任务调度

1.根据生产任务的具体情况，按照生产计划进行任务调度，建立工序流水调度表，根据生产制约条件，合理安排生产任务。

2.建立实时监测机制，对生产任务进度和生产质量进行监测和评价，及时发现和修正问题，预防生产任务延误和产生质量问题。

第15条　生产进度跟踪

在生产过程中，要及时跟踪生产进度和监督生产质量，并及时发现和解决问题，以防止产生延误和质量问题，保证按期交货。

1.建立生产进度跟踪系统，实时记录生产进展情况，将实际生产完成情况同排期计划进行比对，及时调整生产节奏。

2.建立生产计划执行情况跟踪表，对生产进展情况进行备案，记录生产状况及进行的调整措施和效果。

第16条　生产过程管理

1.建立生产过程管理制度，对生产过程中的各个环节进行全面管理和质量控制。

2.建立退次管理制度，及时发现和处理产品的缺陷，提高产品质量。

第17条　订单生产排期的跟踪

在订单生产排期执行过程中，需要定期监控生产进度，了解工效指标，及时跟进生产状况，调整生产方案，以保证排期的高效执行。

第5章　订单生产排期评估

第18条　确定评估周期

根据生产周期的长短，确定评估周期的时间，周期可以为一周、一个月或三个月等。

第19条　收集相关数据

收集生产排期、产品数量、生产周期、生产效率等相关数据。

第20条　分析数据

对收集到的数据进行分析，确定生产排期的实际完成情况、生产效率的水平及存在的问题和瓶颈。

第21条　制定改进措施

根据数据分析结果，确定订单生产排期执行过程中存在的问题，制定具有针对性的改进措施，持续提高生产排期执行质量和效率。

第22条　结果反馈

1.及时跟进订单状态，做好订单流转整个过程的记录，监测订单执行情况并根据执行情况不断迭代管理流程，确保持续良好的执行效果。

2.及时统计、分析和汇总生产数据，形成分析报告，以不断提升生产运营效率。

第6章 附则

第23条 编制单位

本规定由生产部负责编制、解释与修订。

第24条 生效日期

本规定自××××年××月××日起生效。

5.3.3 加急、临时订单生产排期管理办法

加急、临时订单是工厂日常生产中不可避免的情况，对工厂加急、临时订单进行生产排期管理，对于提高工厂生产效率和市场竞争力具有重要意义。

加急、临时订单生产排期管理办法

第1章 总则

第1条 为规范加急、临时订单管理程序，降低加急、临时订单对正常生产的影响，维护与重要客户的良好合作关系，根据工厂相关管理制度的规定，特制定本办法。

第2条 本办法适用于加急、临时订单工作的管理。

第2章 加急、临时订单的确认与处理

第3条 本工厂认定的加急、临时订单需符合以下条件之一。

1.单个订单金额在_____元以下，且交货时间早于工厂正常生产计划规定的时间。

2.因客户确认资料或客户订单交期造成工厂采购时间在24小时内，且订单需要短期内迅速完成的。

3.工厂总经理或销售副总特批的限期完成的订单。

第4条 生产部判断加急、临时订单能否接受，主要依据以下三个方面的内容。

1.生产能力。工厂是否具有生产紧急订单产品的能力。

2.生产排程。工厂依据现有生产排程判断是否能安排新的生产任务。

3.订单成本利润率。衡量完成加急、临时订单是否能获得足够高的利润。

第5条 建立加急、临时订单管理流程，明确订单来源、紧急程度、交货日期等信息，并在ERP系统中进行记录。

第6条　生产部相关负责人应对加急、临时订单进行分析，确认其属于常规产品还是非常规新产品。如果是无原材料、配件的订单，应由采购部专人负责将其需求跟催到厂；如果加急或临时订单为新型号或新规格产品，则需填写技术研发申请单，交由技术部做好相关图样、模具的研发与设计工作。

第7条　生产部应根据订单生产时间和数量确定生产车间、生产线及设备等资源，以便快速响应加急、临时订单。

第8条　针对加急、临时订单，应由专人负责跟踪进度、反馈客户需求变化等工作。

第9条　加强客户沟通，及时与客户确认加急、临时订单的交货期限，以确保订单能按时交付。

第3章　生产排期组织管理

第10条　根据加急、临时订单的相关信息，拟订临时生产计划，并创建加急、临时订单生产排期计划表，计划表中应包括订单编号、生产数量、生产部门、生产时间等信息，并将其进行生产调度公示。

第11条　生产车间接到临时生产排期计划表后，需要考虑本车间是否存在正在执行的加急订单或临时生产计划，如有，则需提请相关领导确认生产先后顺序。

第12条　生产车间根据生产部下达的临时生产计划和生产任务，对本车间的产能情况进行评估。

1.本车间是否存在剩余产能或可利用产能。

2.短期内能否通过增加设备或人力资源来提升产能。

3.能否通过加班完成紧急订单。

第13条　对已接收的加急、临时订单，生产车间应根据产品特点、物料及技术准备程度，立即进行生产排期，原则上按照生产优先级分别设置生产计划，确保生产过程中先安排加急产品的生产。

第14条　确保生产计划的合理性，每个订单的排期时间需要在保证质量和交货期的前提下最短。

第15条　及时调整生产排期，发现加急、临时订单在生产过程中出现问题要第一时间进行处理，以确保订单按时交付。

第4章　加急、临时订单的交付

第16条　针对加急、临时订单，需要制定专项操作指导书，并通过培训等方式向生产人员传达相关注意事项，以保证产品品质的稳定性。

第17条　提高生产线设备的利用率，加强设备的检修保养，避免因设备故障影响生产进度。

第18条　优化生产流程，缩短生产周期，提高生产效率，以快速、高效满足客户需求。

第19条　通过ERP系统实现订单、生产计划、生产进度等信息的实时跟踪和共享；通过数据挖掘和分析，优化生产流程，提升生产效率和产品质量。

第20条　质检部须严格检查产品质量，不能因为订单紧急而忽视质量。产品生产完成后，必须经过检验，合格后方可包装入成品库。

第21条　产品生产完成后，销售部负责与客户接洽，做好出货工作。

第22条　紧急订单生产完成后，生产部必须及时做好相关生产数据的统计与整理工作，以使生产活动回归正常秩序。

第5章　总结与改进

第23条　定期对加急、临时订单生产排期流程进行总结评估，发现问题及时进行调整和完善。

第24条　建立应急预案，明确加急、临时订单生产过程中可能出现的问题并提出应对措施。针对不同类型的应急情况，明确备货、资源调配、生产计划调整等措施，以应对突发情况。

第25条　引入先进生产排期管理模式和理念，不断推动工厂生产管理水平的提升，提高工厂的市场竞争力。

第6章　附则

第26条　本办法由生产部负责编制、解释与修订。

第27条　本办法自××××年××月××日起生效。

5.3.4　生产计划排期管理规定

通过对生产计划进行排期管理，可以及时掌握生产进度和资源利用情况，合理分配人力、物力、财力等资源，使生产过程更加有序、高效、合理，同时也能有效降低生产中出现的错误和风险，提高工厂的生产能力和市场竞争力。

生产计划排期管理规定

第1章　总则

第1条　目的

为了确保生产计划排期的准确性和可行性，合理安排和组织生产过程，提高生产效率和产品质量，减少生产过程中的浪费，特制定本规定。

第2条　适用范围

本规定适用于生产计划的排期管理工作。

第2章　制定生产计划排期方案

第3条　确定生产计划排期的责任人

生产计划排期的责任人必须了解工厂生产的各个流程，拥有有效沟通和协调的能力，并能够与其他职能部门合作组织生产活动。

第4条　确定生产排期时间表

1.依据销售计划，制定生产计划的排期时间表，排期时间表应考虑每个生产过程所需的时间，并将其分配给相应的职能部门或工作人员。为确保计划进度的合理性，应当建立合适的提醒和警报系统，及时更新计划进度。

2.生产计划审核人员应对生产计划排期表进行审核，确保计划合理、可执行性强。

第5条　建立监控和衡量指标

为了更好地跟踪生产计划执行情况，及时发现并解决潜在的问题，需建立有效的监控和衡量指标，指标应包括周期时间、工程效率、原材料库存水平、废品率和产品质量等。

第6条　制订协调计划和风险管理策略

为满足各个生产过程的不同需求，以及工厂对客户订单交付日期的承诺，应制订有序的协调计划，并评估生产计划排期中可能产生的风险。

第7条　确定生产计划排期的核查程序

不断审查生产计划排期是确保生产利益最大化的必要步骤，该程序应当包括计划审核和审批、计划变更请求和变更授权，以及计划变更记录和报告等环节。

第8条　建立沟通和反馈机制

在生产计划排期制订和执行过程中，应与相关职能部门和工作人员及时沟通，收集反馈意见，并根据反馈意见优化生产计划排期方案。

第3章　生产计划排期的执行

第9条　安排生产资源

对生产计划中所需的人员、设备、原材料等生产资源，进行适当的调配，确保生产过程中各个环节的运行无障碍。

第10条　制定生产计划排期

根据生产资源的实际情况，确定生产任务的开始时间和完成时间，以及各个工艺环节的时长和先后顺序，制定详细的生产计划排期表。

第11条　指派生产任务

在生产计划排期表审核通过后，指派给相应的生产部门和工作人员，并告知任务的具体要求、质量标准和完成时限等。

第12条　监督生产进度

监控生产过程中各个工艺环节的进度和质量，发现问题及时解决，确保生产进度和质量达到预期目标。

第13条　更新计划排期表

如发生生产任务延误或者提前生产完成的情况，需及时更新和维护生产计划排期表，及时对生产任务进行监督和跟踪，确保计划的顺利实施。

第4章　排期的调整策略

第14条　生产计划排期的调整

当生产计划排期出现变化时，生产计划编制人员应及时与审核人员联系，在充分沟通和协商的基础上，采取不同的策略，确保生产计划的稳定和生产任务的顺利执行。

第15条　推迟完成生产任务

如果在生产过程中出现了人员不足、机器故障等情况，导致某个生产任务不能按计划完成，可以将该任务推迟到后续时间完成。

第16条　提前完成生产任务

如果在生产过程中发现资源利用率比预期高，可以提前完成某个生产任务，则应更早开始下一个任务。

第17条　修改生产顺序

如果某个生产任务与其他任务存在一定的耦合度，可以根据实际生产情况调整任务的执行顺序，避免出现因为某个任务延误而导致整个生产过程受阻的情况。

第18条　重新分配资源

如果在生产过程中发现某个生产环节的资源利用率较低，可以考虑重新分配人员或者机器等资源，以提高生产效率。

第19条　调整生产计划排期表

当生产计划有较大的调整时，需要及时更新生产计划排期表，以保证所有相关人员都能够了解最新的生产计划，并做好相应的准备工作。

第5章　生产计划排期的执行效果评估

第20条　评估指标

定期对生产计划排期执行情况进行评估，总结经验，提出改进建议，并及时更新和完善相关制度。

1.生产任务准确率评估。通过对生产任务执行情况的分析比对，评估排期是否准确，并及时跟进、调整计划，减少计划偏差率，提高生产效率。

2.进度完成率评估。记录计划进度完成率，通过比较计划与实际完成进度之间的差距，确定进一步改进的方向。

3.计划成本控制评估。对计划成本进行动态监控，分析实际成本与计划成本的差异，查找成本控制的问题，调整计划方案，降低生产成本。

4.灵活度评估。评估生产计划的灵活度，包括生产任务变更的执行难度和影响，以及计划调整的反应速度，进一步提高生产灵活性和生产效率。

5.资源利用率评估。检查已使用的资源，包括人员、物料、设备、时间等，以评估资源利用率，并确保生产过程的最优化。

第6章　附则

第21条　编制单位

本规定由生产部负责编制、解释与修订。

第22条　生效日期

本规定自××××年××月××日起生效。

5.4　生产调度管理

5.4.1　生产调度值班、会议与报告管理规定

通过实施生产调度值班、会议与报告管理规定，可以使生产调度工作更有序，且有利于提高生产计划执行的效率和精度，有助于优化和管理生产流程，提高整个生产系统的效率和产品质量，提高工厂的市场竞争力。

生产调度值班、会议与报告管理规定

第1章　总则

第1条　目的

为了规范生产调度工作，加强对生产过程的监管和控制，提高生产效率和产品质量，减少生产过程中的风险和错误，特制定本规定。

第2条　适用范围

本规定适用于工厂生产计划所涉及的各相关部门。

第2章　生产调度值班管理

第3条　值班安排

1.值班人员必须熟悉各业务部门和下属单位的各自职权、业务和分管范围，熟悉生产经营流程，了解与生产、安全、经营活动相关的生产和辅助环节，并具备一定的组织协调能力。

2.值班人员必须掌握所辖范围内的生产、运输、通风、供电等各大系统的基本情况，熟悉主要生产环节和岗位现状，熟悉生产过程的工艺流程及突发事故应急预案。

第4条　值班要求

1.按照生产计划组织完成设备检修任务，主动调度，及时协调工作使各生产环节正常运转。

2.下达领导指示、通知、命令时要严肃认真，一字不丢。不得主观臆断，随意篡改。接到上级指示，要立即传达，不得延误、扣压和擅自处理。

3.值班人员应保持良好的工作状态。回答问题要简明扼要，严禁在电话中闲聊，提高调度工作质量。

第5条　值班记录

值班人员需要在值班期间认真记录各项工作情况，包括设备运行情况、异常情况及应急处理情况等，并及时向上级汇报。同时，个人工作日志也应当完整记录，不得潦草，不准遗漏。

第6条　值班纪律

值班人员要严格遵守值班纪律，严禁空岗、离岗或擅自调整值班，以确保生产调度工作的正常运行。

第7条　紧急事故处理

值班期间，若发生突发事故，值班人员应按事故汇报程序和有关规定及时向有关领导和部门进行汇报，随时掌握事故现场变化情况，及时下达领导指示，配合值班领导和工厂有关领导调动人力、物资，做好事故处理和善后事宜，对事故的发生、处置过程及结果做好详细的记录。

第8条　交接班管理

1.交班调度员应做到以下内容。

（1）整理好各种记录报表，做好调度台及室内卫生工作。

（2）对照日调度计划，检查本班所执行的各项任务完成情况。

（3）交代本班生产情况、事故处理情况、设备检修情况、需要由下一班继续完成的工作及注意事项。

（4）上级的指示、通知及有关文件的执行情况。

（5）全面检查已执行完成调度任务的正确性。

2.接班调度员应做到以下内容。

（1）提前30分钟到岗准备交接工作。

（2）详细阅看调度运行日记和交接班记录。

（3）了解当时系统运行方式及各主要设备运行情况。

（4）了解值班应进行的操作，以及上一班事故情况、异常情况、设备缺陷及防止事故措施。

（5）了解上级下达的新指令及有关文件的执行情况。

3.交接班调度员按交接班制度交接清楚后，双方应在交接班日志和调度运行日志上签字，确认交接班完成。如交班者少交或漏交相关资料，所造成的后果由交班者负责。如接班者未认真接班，所造成的后果由接班者负责。

4.如遇下列情况，不得交接班。

（1）事故处理及重要操作未告一段落。

（2）交接班时，发生紧急事故。

第3章　生产调度会议管理

第9条　会议时间

为及时解决生产计划实施中的问题，保证下达的各项生产计划能按期完成，定工作日每周二、周五的15：00到16：00在会议室召开生产调度会议，遇特殊情况，生产部可适时调整会议召开时间和地点，并通过电话、信息、公示等形式通知参会人员。

第10条　参会人员名单

1.参加会议人员名单由生产部统一制定，报副总审批。

2.生产部经理、车间主任、外包负责人及技术部、物流部、仓储部、质检部、工程部负责人必须参加例会，其他相关部门应指派专人列席会议。

第11条　会议议程

会议责任人应制定完整的会议议程，确定会议的主题、时间、地点及参会人员等内容，确保会议有针对性。会议主要包括以下流程。

1.各车间汇报生产任务完成情况。

2.生产部经理汇报计划进度落实情况，并提出改进和考核意见。

3.生产现场负责人通报现场检查整改情况（含安全、设备、卫生等）。

4.各部门提前准备计划执行情况及需要协调事项，在例会上以书面形式提交。

第12条　会议记录

生产调度会议应形成会议纪要，记录会议的议题、决策、任务分配、落实情况等内容，以备查阅和核对，并对重要决策进行签字确认；会议纪要由生产部跟进落实，并作为计划工作的考核依据。

第13条　会议效果评估

工厂制定相应的会议效果评估办法，对各个环节的执行情况、会议效果、工作任务完成情况等进行评价，为会议改进提供依据。

第4章　生产调度报告管理

第14条　建立调度报告机制

为了使工厂领导和生产部及时了解生产情况和出现的问题，必须建立调度报告机制。

1.生产调度管理部门应及时将每日调度情况报告给上级部门和有关领导。

2.生产部应按周或月将产品配套情况、生产进度情况报告工厂主管领导。

第15条　各车间需向工厂调度部门报告的内容

1.产品产量作业计划的完成情况。

2.主要设备的生产负荷运转情况。

3.原材料、燃料、动力及中间产品的供应、衔接情况。

4.工厂领导或生产调度所布置工作的完成情况。

5.提前解决的生产问题。

第16条　工厂生产调度应向主管领导报告的内容

1.主要产品作业计划的完成情况和存在问题。

2.主要设备出现故障后的处理情况和亟待解决的问题。

3.亟须解决的有关生产技术的问题。

4.原材料、燃料、工厂内部互供产品的供应中亟须解决的问题。

5.新产品试生产情况，主要设备检修进度情况。

6.需要主管领导协调解决的生产经营中的问题。

第17条　生产调度异常情况报告

在保证计划任务完成的情况下可对生产作业计划做临时或必要的调整，事后向有关人员通报情况。严禁瞒报、不报现象的发生。

第5章　附则

第18条　编制单位

本规定由生产部负责编制、解释与修订。

第19条　生效日期

本规定自××××年××月××日起生效。

5.4.2 现场调度管理办法

现场调度管理办法是工厂进行生产过程控制和管理的关键制度之一，能够保证生产过程的高效性，能够充分发挥现场管理的作用，优化生产流程，提高生产效率，降低生产成本，进而提高工厂整体经济效益和市场竞争力。

现场调度管理办法

第1章 总则

第1条 目的

为规范生产调度工作流程，保证生产过程高效、有序进行，最大限度发挥生产能力，提高经济效益，特制定本办法。

第2条 适用范围

本办法适用于现场调度工作中所涉及的各相关部门。

第2章 调度计划的制订

第3条 总调度计划的制订

根据工厂的生产任务和资源情况，制订总调度计划，包括生产计划、设备使用计划等。

第4条 调度计划的调整

在总调度计划的基础上，按照每日生产情况，动态调整调度计划，具体包括：

1.确定每天的生产总量及每个车间的生产数量。

2.合理分配人员和设备，确保各车间协同工作的高效性。

3.根据原材料储备情况，确定当日采购计划。

4.安排质量检查员，对产品进行检测，防止出现质量问题。

5.确定备品备件数量，防止因设备故障导致生产延误。

第3章 调度工作的组织实施

第5条 人员调度管理

1.生产调度人员应依据生产计划合理规划和调度人员，合理分配生产人员的岗位，确保每个岗位都有足够的人员。

2.对生产现场的人员进行调度管理，进行班组人员安排、工作任务分配、生产任务跟踪等，以达到生产效率最大化。

第6条　设备调度管理

1.根据生产订单及库存情况，规划生产设备的使用时间，确定一个总体调度计划。

2.根据总生产计划和生产排产计划，制订生产设备的调整和运行计划，优化设备使用情况，调整设备状态，保证设备高效率、高产能运行。

3.根据设备的实际使用情况，统计、评价设备运行时间、运行效率、能耗等相关指标，并进行设备性能评估，优化调度方案，提高生产效率。

4.根据设备使用寿命和生产需要，制订设备更新计划，更新陈旧设备，提高设备生产效率，保证生产设备的稳定、高效运转。

第7条　资源协调管理

对于多个车间之间的生产资源分配需要进行实时管理。根据各车间的生产计划和实际生产情况，对生产资源进行优化配置，使生产能力得到充分利用。

第8条　信息沟通

生产调度员应与其他部门进行信息共享和沟通，及时反馈生产情况，为制订更合理的生产计划提供参考。

第9条　现场管理

现场调度要对工厂现场管理做出规划，包括流程优化、设备管理、库房管理等，并通过信息化技术提供支持。

第10条　应急管理

现场调度需要及时处理突发事件，针对设备故障、员工缺席等紧急情况，制定应急预案，保证生产顺利进行。

第4章　生产调度流程监测

第11条　作业过程监测

对生产过程进行实时监控，协调各部门作业情况，监督原材料投料、生产工艺参数设置、成品检测、运输等过程，以确保生产过程的稳定运行。

第12条　生产进度监测

对生产进度进行监测和管理，了解每个车间的生产状态和进度，及时发现生产过程中的问题，及时调整生产计划，保证生产过程和交期的准确性。

第13条　设备监测

1.随时监控设备状态变化情况，及时处理设备运行中出现的异常情况，如报警、故障等，并给出相应的处理方法，确保设备运转稳定。

2.对设备出现的故障进行实时监测和处理，及时通知维保人员或现场人员解决问题，以确保生产过程的稳定性和连续性。

第14条　质量控制

监督每一个生产线和加工环节的质量检测情况，确保生产出的产品符合质量要求。

第5章　总结与改进

第15条　调度经验总结

总结本次调度经验，为下次制订更优化的计划提供参考。

第16条　评估结果反馈

将评估结果和总结经验及时反馈给相关部门，做到信息共享并完善管理流程。

第6章　附则

第17条　编制单位

本办法由生产部负责编制、解释与修订。

第18条　生效日期

本办法自××××年××月××日起生效。

5.4.3　生产调度应急管理办法

针对生产调度中的各种突发事件，如自然灾害、事故、供应链中断等，制定一套应急响应机制，可以确保工厂能够在最短时间做出有效的反应并恢复生产。

生产调度应急管理办法

第1章　总则

第1条　目的

为正确应对生产调度过程中的突发事件，采取有效措施，确保工厂能够在最短时间做出有效的反应并恢复生产，特制定本办法。

第2条　适用范围

本办法适用于生产调度应急管理过程所涉及的各相关部门。

第2章　生产调度应急预案

第3条　风险评估

对工厂的运营环境、生产设施、人员安全等要素进行评估，确定可能出现的突发事件及其影响程度。

第4条　建立生产调度应急指挥中心

应急指挥中心应该具备以下条件。

1.拥有集成化的指挥系统，包括电话、网络和广播通信系统，以便及时组织、指挥和协调抢险救援工作。

2.拥有安全稳定的服务器和数据存储设备，以保证工厂数据不会因为突发事件而丢失。

3.具备应急管理小组，应急管理小组应由各部门的负责人组成，以便能够在紧急情况下快速协调和决策。该小组应该定期召开会议，讨论应急管理计划，并确保计划与工厂的业务和目标相一致。

第5条　编制应急预案

1.根据风险评估结果，制定相应的生产资源调度应急预案，明确组织架构、应急处置程序、资源调配方案、通信联络方式等。

2.应急预案需要制定详尽的流程，并进行实操演练，确保每一个环节都被覆盖到。

3.按级别划分突发事件，针对不同级别的突发事件制定相应的应急响应机制。

4.制定应急预案之前需深入了解工厂现状，特别是生产线路的情况，确定哪些环节容易受到影响。

第3章　应急处理流程

第6条　召开紧急会议

当发生生产调度突发事件时，生产部应立即召集相关部门负责人进行协商，并确定责任人和工作任务。

第7条　调整生产情况

根据事件的性质和情况，及时调整生产情况，如组织生产线停工或转移生产线等，以确保生产环节不受干扰。

第8条　按照应急响应预案执行

按照应急响应预案中的要求，实施各项应急措施。

第9条　安排专人负责

根据事件的严重程度，安排专人负责应急处理工作，确保管理层面的沟通和汇报顺畅无误。

第10条　进行全面检查

1.对生产设备和生产环节进行全面检查，对可能存在威胁的生产资源进行保护。

2.优先保证最核心的生产线路正常运转，避免资源的浪费和损失。

第11条　更新改进应急预案

在应急事件处理后，应总结经验教训并更新改进应急预案，提高应急响应能力。

第4章　建立应急响应机制

第12条　建立紧急预警机制

1.针对不同级别的突发事件，推出及时、准确的信息报告。

2.利用智能监测设备实时感知潜在风险，在数据分析和处理后，形成预警报告。

第13条　定期进行应急演练

定期进行应急演练，确保应急演练的完整性和科学性，发现问题及时修改，提高应急演练的实施效果。

第14条　模拟各种紧急情况

根据不同紧急情况进行模拟演练，如员工意外伤亡、机器故障、能源中断等，模拟实际情况和处理流程，以提高应急处理能力。

第15条　应急培训

生产调度应急预案应全员共知，所有员工都应该接受应急培训和进行应急演习，并不断进行应急预案的更新和维护。

第5章　应急演练与持续优化

第16条　应急效果评估

在发生紧急情况后，应对应急处理效果进行评估，为应急预案的优化和改进提供数据支持。

第17条　应急经验总结

对经验进行归纳，形成经验总结报告，为今后的应急响应工作提供指导参考。

第18条　应急预案持续优化

根据应急演练和应急事件评估结果，持续优化应急预案的流程，提高应急预案的可行性和有效性。

第6章　附则

第19条　编制单位

本办法由生产部负责编制、解释与修订。

第20条　生效日期

本办法自××××年××月××日起生效。

5.5　生产计划精细化执行指南

5.5.1　生产计划异常处理办法

实施生产计划异常处理办法，可以及时掌握生产过程中出现的问题，并对异常情况进行分析和调整，实现生产计划的有序进行，保证生产效率、产品质量和经济效益达到最优化。

生产计划异常处理办法
第1章　总则

第1条　目的

为了应对可能出现的生产计划异常情况，及时掌握生产进程中出现的问题，并对问题进行调整和处理，保证生产计划的顺利完成及产品质量的稳定，特制定本办法。

第2条　适用范围

本办法适用于所有涉及生产计划执行的业务部门。

第3条　异常情况分类

本办法所指的生产计划异常，是指生产计划在各部门出现无法执行或进度延迟的情况。生产计划异常可分为以下几种类型。

1.计划异常。因生产计划临时变更或安排失误等导致的异常。

2.物料异常。因物料供应不及时（断料）、物料品质问题等导致的异常。

3.设备异常。因设备不足或故障等导致的异常。

4.品质异常。因制作过程中出现了品质问题而导致的异常。

5.生产工艺异常。因产品设计或其他技术问题而导致的异常。

6.其他异常。因水、气、电或其他非人为因素等导致的异常。

第2章　异常情况处理流程

第4条　异常情况发现

当发现生产计划出现异常情况时，发生部门的一级主管应立即通知相关责任部门前来研究对策，并报告直属上级。

第5条　异常情况评估

生产部需要对异常情况进行事故评估，以确定影响程度和处理方式。

第6条　制定应对方案

根据事故评估结果，生产部应会同其他部门制定临时应对方案并加以执行，以降低异常对生产计划的影响。

第7条　实施处理对策并跟踪

实施处理对策后，生产部需及时跟踪进展情况，并在处理过程中进行监督和指导。

第8条　向有关部门报告

排除异常后，由生产部填写"异常报告单"转相关责任部门，相关责任部门需要将处理方案及相应时间表向有关部门和领导报告。

第9条　稽查验收

1.在处理措施实施完成后，进行稽查验收，确保异常情况已得到解决。

2.相关责任部门填写处理异常的根本对策，以防止异常情况重复发生。

第3章　异常情况处理措施

第10条　计划异常处理措施

1.根据计划进行调整，做出迅速、合理的工作安排，确保调整后的生产计划有序进行。

2.安排因计划调整而遗留的成品、半成品。处理原物料的盘点、入库、清退等工作，确保计划调整后物料受控。

3.安排因计划调整而闲置的人员，确保做好空闲人员的安排，减少人员的浪费。

第11条　生产物料异常处理措施

1.加强原材料的进厂检验和使用前的核对工作，确保每道工序物料使用的正确性。

2.生产计划下达后，相关人员需要立即确认物料状况，查验物料有无短缺，即物料库存数量是否满足生产，并对物料进行动态的跟踪和反馈，避免异常发生。

3.如果发生断料情况，可安排操作人员做加工前的准备工作、工位5S、设备保养或其他零星工作，或与生产部协调做计划变更，安排生产其他产品。

第12条　生产设备异常处理措施

1.建立生产设备每日点检制度，加强生产设备预防性维修管理。防止生产过程出现问题，定期检测关键设备。

2.班前进行设备常规检查，坚持产品首件检验制度，核实生产设备性能的可靠性、稳定性和精准度。

第13条　产品品质异常处理措施

1.加强产品首检、自检、抽检和互检，根据产品的质量要求及复杂程度适当增加专检频次。加强质检人员的质量否决权，管理人员随时巡检，产品销售出库时严格进行检验，杜绝不合格品入库、出厂。

2.生产部协助质量管理部门研究对策，运用QC工具进行统计分析，配合临时对策的实施，以确保生产任务的完成。

第14条　生产工艺异常处理措施

1.避免操作方法异常的发生，最首要的任务便是制定及实施标准作业指导书，不断优化生产工艺技术参数，保证产品加工质量。

2.严肃工艺纪律，检查和监督员工是否真正贯彻执行生产操作规程，杜绝私自更改工艺和图纸。

3.当工艺异常发生后，迅速通知品管、技术和研发等部门，立即采取应对措施。

第15条　其他异常的处理

对于财务、市场、政策、新产品研发初期技术不成熟和工艺不完善等因素导致的生产异常，除采取迅速应对措施外，应根据具体工序要求改善危险的操作、困难的操作及重要工序的操作，营造声音、振动、温度、照明等方面均良好的操作环境。

第4章 责任和处罚

第16条 内部责任

内部责任单位因作业疏忽而导致的异常，责任人员依工厂惩罚规定予以处理。

第17条 供应商责任

供应商责任除考核采购部外，还应对此供应商进行评鉴，必要时应依据损失工时向供应商索赔。

第18条 处罚机制

对于未能按照规定处理生产计划异常情况的部门及人员，根据工厂管理规定予以处理。

第5章 附则

第19条 编制单位

本办法由生产部负责编制、解释与修订。

第20条 生效日期

本办法自××××年××月××日起生效。

5.5.2 生产计划执行问题解决办法

生产计划是工厂经营计划的重要组成部分，也是工厂进行生产管理的重要依据。因此处理好生产计划执行过程中的问题，可以降低生产成本、提高生产效率、确保产品质量，真正实现生产计划的顺利完成，从而提高工厂的市场竞争力。

生产计划执行问题解决办法
第1章 总则

第1条 目的

为及时、准确地识别生产计划执行中出现的问题，采取合理、科学的问题解决措施，完善生产计划中出现异常情况时的处理工作，维护工厂正常生产秩序和客户利益，特制定本办法。

第2条　适用范围

本办法适用于所有涉及生产计划执行的业务部门。

第2章　建立问题反馈机制

第3条　明确问题性质和分类

生产人员应对可能出现的生产计划执行问题进行分类和细化，并及时、准确地识别已发生或潜在的问题，并向相关部门和人员报告，以便确定处理措施并及时跟进。常见问题包括：

1.客户下急单。

2.生产设备突然出现故障。

3.库存指标收缩。

4.新生产产品、库存产品有质量问题。

第4条　问题反馈渠道

建立反馈渠道，生产部或生产车间人员在执行生产计划发现任何问题时，应及时填写"生产日报表"，在规定时间内提交给生产部经理或其他主管人员，同时将相关信息传递给本车间班组长。

第5条　问题反馈处理流程

确定问题反馈处理流程，包括问题提交、接收、处理、反馈、跟进反馈等流程，保证问题反馈可控、可评估、可报告。

第6条　问题反馈制度

建立反馈制度，明确反馈结果、反馈处理等规范，建立长效的工作规范，确保反馈过程的可持续性和完善性。

第7条　追踪反馈结果

监控并追踪反馈结果，并对解决方案进行分析完善。

第3章　制定问题解决预案

第8条　制定预案

针对不同的生产计划执行问题，应制定不同的应急预案。应急预案的制定要详细、精细，并根据实际情况不断完善。在制定应急预案时，应对可能出现的生产计划执行问题逐一分析，找出问题产生的原因，并制定一套完整的解决方案。

第9条　预案演练

在制定问题解决预案的基础上，应组织问题应急演练，进一步完善问题解决预案。应急演练需要模拟实际情况，涉及人员、物资、设备等，要求参与人员按照预案流程操作，并针对演练中暴露出来的问题，及时进行总结和完善。

第10条　预案配套措施

工厂在制订生产计划执行问题解决预案时，应充分考虑配套措施的问题。包括备用设备的配备、备用物料的储备、人员转移计划等。相关配套措施的制定必须备案。

第11条　明确协调沟通流程

工厂应确定相关人员的职责和分工，明确相应的沟通流程和执行步骤，并在此过程中考虑实际情况，避免任务拖延、信息滞后等情况。

第4章　生产计划执行问题分析

第12条　问题识别

生产计划执行中出现的问题涉及许多因素，并具有很大的复杂性，因此应运用多方面知识找出问题的本质原因，及时采取措施纠正并优化生产过程，确保生产计划的顺利执行。

第13条　问题分析

1.物料配送问题。由于供应商问题、物流管控问题、库存管理问题等导致生产过程中需要用到的物料没有及时送达、配送错误、配送数量不足等。

2.设备故障问题。由于设备老化、维护不当、备件不足等导致生产设备在使用过程中出现故障，导致生产无法正常进行，进度延迟。

3.人员不足问题。由于招聘难、员工流失等导致在生产过程中需要的工人或技术人员数量不足，导致生产进度缓慢。

4.规划问题。由于对生产流程理解不够深入，对需求量、客户要求等预估不准确导致生产计划初步制订时，存在计划不周全、流程规划不合理、进度安排不合理等问题。

5.管理问题。在生产计划执行过程中，管理不到位、制度落实不力等导致生产过程中存在时间、质量和效益等多方面的问题。

第5章　问题解决措施

第14条　供应商管理

对供应商的资质、能力和质量进行评估和认证，建立合作伙伴关系，协商合理的订单周期和价格，并加强对供应商的监控。

第15条　库存管理

为避免因库存过多导致资金占用和物料过期等问题，生产计划执行过程中应对库存量进行控制，建立科学的库存管理制度，针对不同的物资及生产需求进行分类管理，根据需求变化调整备货及配送计划。

第16条　物料跟踪

建立物料跟踪系统，跟进物料采购、物流配送环节，及时掌握物料的流向与库存情况，为生产计划制订提供参考依据。

第17条　流程优化

通过引进先进设备、改进生产工艺等方式，优化生产流程，提升生产效率和产品质量，从而降低出现问题的概率。

第18条　信息共享

加强生产计划动态管理，通过建立供应链信息平台等手段，提升工厂与供应商的信息共享水平，从而保证实时监控协作过程的流畅性，增加生产计划的灵活性和高效性。

第19条　加强员工培训

加强对员工的培训和管理，提升员工的技能水平，增强员工的管理意识，从而更好地保障生产计划的顺利执行。

第6章　附则

第20条　编制单位

本办法由生产部负责编制、解释与修订。

第21条　生效日期

本办法自××××年××月××日起生效。

06

第6章

生产计划变更、调整与优化管理精进化

6.1　生产计划变更

6.1.1　生产计划变更审验

生产计划变更审验可以在生产管理中确保生产计划的合理性、优化生产资源利用率、保障生产计划的一致性、提前识别潜在风险，从而为工厂生产活动提供有效的支持和保障。

1.审验人员

生产计划变更审验由工厂内部生产管理人员负责。审验人员应具有丰富的生产管理经验、生产计划专业知识和技能，并与相关部门（如销售、采购、库存等）保持紧密联系，以确保生产计划变更的有效执行。

2.审验内容

（1）生产计划变更合理性

审验人员需要评估生产计划变更后的合理性，包括时间安排、生产数量、生产能力等是否合理。审验人员需要考虑工厂的实际生产情况，确保生产计划能够实现预期生产目标。

（2）物料配备充足性

审验人员需要评估生产计划变更后物料配备是否充足，包括原材料、零部件、包装材料等。审验人员需要确认物料供应情况，确保生产计划变更后物料能够及时供应，避免因物料短缺导致生产延误或产出不足。

（3）生产资源合理配置

审验人员需要对生产资源配置的合理性进行评估，包括设备、人力资源等。审验人员需要确认设备的可用性和产能，以及人力资源配备是否合理，确保生产计划变更后能够充分利用现有资源，提高生产效率。

（4）生产计划前后一致性

审验人员需要验证生产计划变更前后各个环节的一致性，包括生产计划与销售计划、采购计划、库存计划等之间的协调和配合。审验人员需要确认各环节计划变更是否协调一致，避免生产过程中出现矛盾和冲突。

（5）风险评估和应对措施

审验人员需要对生产计划变更后可能存在的风险进行评估，并提出相应措施。例如，如果生产计划变更后可能导致生产风险增加，审验人员应对相应风险进行评估，并提出相应的应对措施。

6.1.2 生产计划变更流程

为了确保生产计划变更顺利执行，通常需要遵循一定的流程来进行生产计划变更，生产计划变更流程如图6-1所示。

部门名称	生产部		流程名称		生产计划变更流程	
单位	总经办	市场部		生产部		相关部门
节点	A	B		C		D

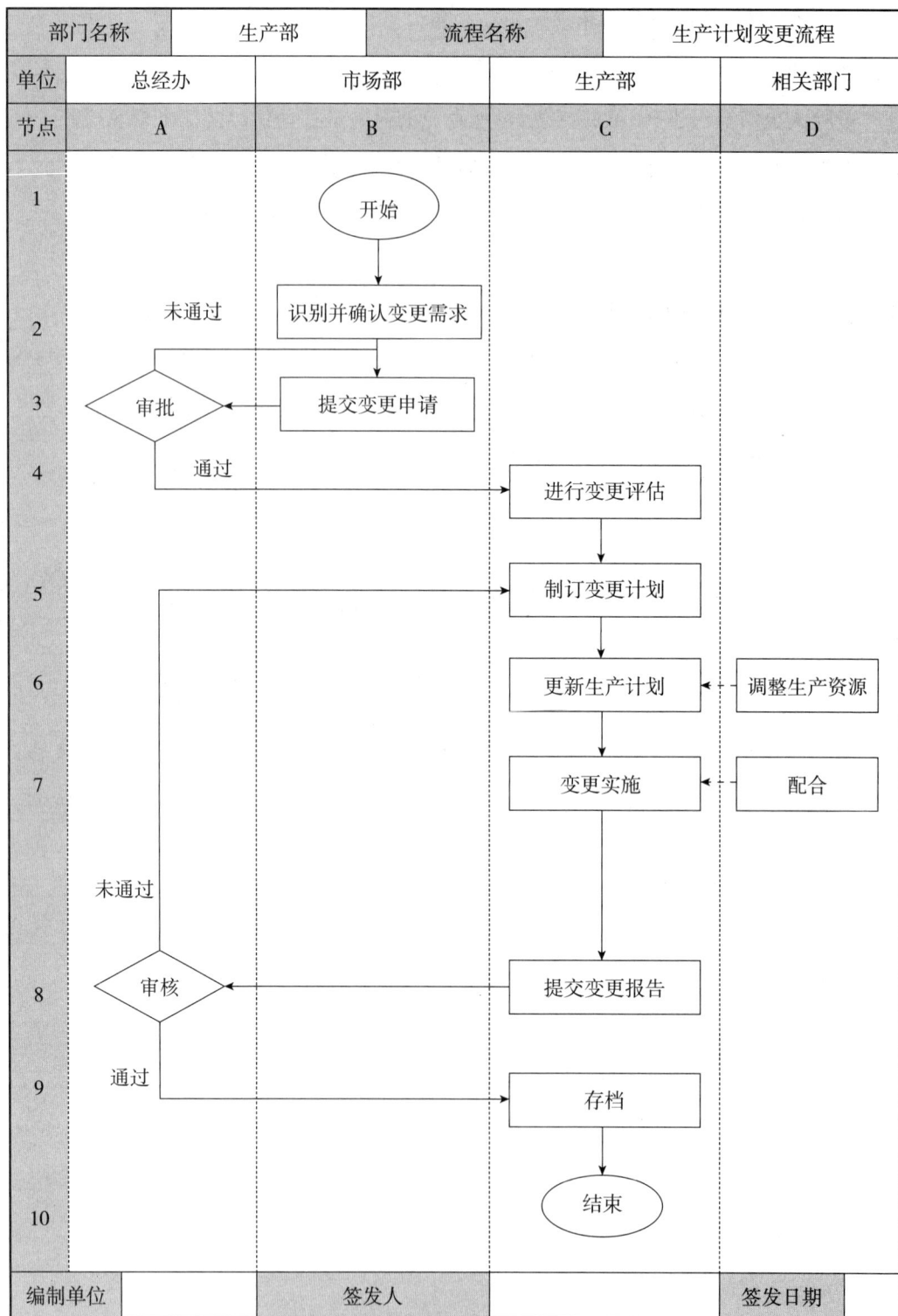

图6-1　生产计划变更流程

编制单位		签发人			签发日期	

6.1.3　生产计划变更应对办法

为应对生产计划变更引起的生产过程中可能出现的问题，确保生产计划顺利实施和生产目标顺利达成，需要采取一系列措施和方法来应对生产计划的变更。

生产计划变更应对办法

第1章　总则

第1条　为了规范工厂生产计划变更的工作流程，确保生产计划的合理性和稳定性，最大限度减少变更带来的风险，特制定本办法。

第2条　本办法适用于工厂所有生产计划的变更管理。

第2章　生产计划变更分类与责任部门

第3条　生产计划变更情况通常包括以下几种。

1.生产订单紧急变更，包括数量、交期、优先级等变更。

2.原材料供应异常，导致生产计划需要调整。

3.生产设备故障，导致生产计划需要调整。

4.车间人员调整，导致生产计划需要调整。

5.外部环境变化，如天气、交通等原因导致生产计划需要调整。

第4条　对于不同的生产计划变更情况，相关部门分别履行以下职责。

1.生产部负责监控生产计划的变更情况，并及时与相关岗位和部门沟通，根据变更情况调整生产计划。

2.采购部负责及时调整原材料采购计划，确保原材料的及时供应。

3.设备管理部负责维修生产设备，确保生产设备能够及时应用到生产线。

4.质量管理部负责生产计划变更后的质量控制，包括检验、测试等，确保产品质量符合标准。

5.销售部负责及时与客户沟通并确认销售订单的变更情况，并将变更信息传递给生产部。

6.人力资源部负责协调生产计划变更过程中的人员调度。

第3章　生产计划变更应对实施

第5条　生产计划变更管理流程如下。

1.变更申请。当发现生产计划需要变更时，相关负责人应向生产部提交变更申请，包括变更的原因、内容、影响等。

2.变更审批。生产部负责对变更申请进行审批，包括评估变更的合理性，确认变更对生产计划的影响及变更是否符合工厂的生产管理政策和目标。

3.变更通知。经生产部批准的变更，应及时通知相关部门，包括采购部、仓储部、质量部、销售部、人力资源部等。

4.调整生产计划。生产部根据变更通知进行生产计划的调整，需要对生产订单、生产工单、生产资源等进行调整。

5.变更实施。各部门根据调整后的生产计划，及时履行相应职责进行变更生产。

6.变更后评估。生产部应对变更后的生产计划进行评估和监控，确保变更的有效实施，并根据变更情况进行生产计划总结和改进。

第6条　应对订单临时变更的具体措施如下。

1.应对部门：销售部、生产部、采购部。

2.应对措施。

（1）销售部负责与客户沟通，了解订单变更的具体要求，包括数量、交期等。还应及时通知生产部调整生产计划，并与采购部协调，调整原材料采购计划。

（2）生产部根据订单变更的要求，重新安排生产资源和生产计划，并通知生产车间。生产车间根据调整后的生产计划，安排生产，并及时报告生产进度，确保按要求完成生产。

第7条　应对原材料供应中断的具体措施如下。

1.应对部门：采购部、生产部、质量管理部。

2.应对措施。

（1）采购部负责与供应商沟通，了解原材料供应中断的情况，并寻找替代供应商或备用原材料。采购部还应及时通知生产部调整生产计划，并确保备用原材料的质量符合要求。

（2）生产部根据原材料供应中断的情况，调整生产计划，并通知生产车间。生产车间根据调整后的生产计划，安排生产，并严格控制备用原材料的质量，确保产品符合质量要求。

（3）质量管理部加强对备用原材料的检验和监控，确保产品质量稳定。

第8条　应对设备故障的具体措施如下。

1.应对部门：设备管理部、生产部。

2.应对措施。

（1）设备管理部负责对设备故障及时响应，并派遣维修人员前往现场进行维修。

（2）生产车间及时将设备故障情况通知生产部，生产部负责调整生产计划，并安排备用设备或替代方案。生产部还需根据设备维修的时间和进度，调整生产计划，并通知生产车间。

（3）设备管理部在完成维修后，应及时通知生产车间恢复生产，并进行相关测试。

第9条　应对人员调整具体措施如下。

1.应对部门：人力资源部、生产部。

2.应对措施。

（1）人力资源部负责与相关部门进行沟通，了解人员调整的具体要求和时间安排。人力资源部还需及时通知生产部调整生产计划，并安排人员的培训。

（2）生产部根据人员调整的要求，重新安排生产资源和生产计划，并通知生产车间。生产车间根据调整后的生产计划，安排生产，并确保新调入的人员熟悉操作流程和质量要求。

第10条　应对外部环境变化的具体措施如下。

1.应对部门：相关部门根据情况而定。

2.应对措施。

（1）高级管理层及时了解外部环境变化，如法律法规、市场需求、竞争状况等，并进行分析和评估。

（2）相关部门根据外部环境变化，制定相应的措施，并通知各部门和车间落实执行。

（3）各部门根据应对策略和措施，进行相应的调整和优化，确保生产计划和生产运营能够适应外部环境变化。

第4章　变更保障措施

第11条　在生产计划变更过程中，应识别和评估潜在的风险，包括生产资源调配不足、生产线闲置时间增加、原材料供应链中断等风险，并制定应对措施。

第12条　根据风险识别与评估结果，制定相应的应对措施，包括紧急资源调配、准备备用生产线、采购替代原材料等，以降低风险对生产计划变更的影响。

第13条　建立良好的沟通与合作机制，包括定期召开跨部门会议、设立专门的变更协调小组等，以促进信息共享和问题解决。

第14条　借助协同工具和信息化技术，包括生产计划管理系统、ERP系统、协同办公工具等，提升跨部门协作的效率和准确性，实现信息的实时共享和协同操作。

第15条　定期对跨部门协作的绩效进行评估，包括协作流程的完善度、沟通合作的效果、问题解决的及时性等，并对发现的问题进行改进，以促进不同部门之间的协同合作。

第16条　对生产计划变更过程中出现的问题进行深入分析，提出改进意见，以不断完善生产计划变更应对的过程和方法。

第17条　对生产计划变更的数据进行分析，分析变更频率、变更原因、变更后效果等，识别潜在的改进点，并制定改进措施，以不断优化生产计划变更的管理方法。

第18条　鼓励员工持续学习和创新，在实际应对生产计划变更的过程中积累经验，总结成功和失败案例，不断寻求改进和创新的机会，以推动生产计划变更管理的持续改进。

第5章　附则

第19条　本办法由生产部负责编制、解释与修订。

第20条　本办法自××××年××月××日起生效。

6.2　生产计划调整

6.2.1　生产计划主动调整程序

生产计划主动调整是指通过使用先进信息技术和数据分析方法，实时监测和分析生产环境中的各种信息，并根据实时情况做出主动调整和优化决策，以提高生产计划执行的准确性。生产计划主动调整程序如图6-2所示。

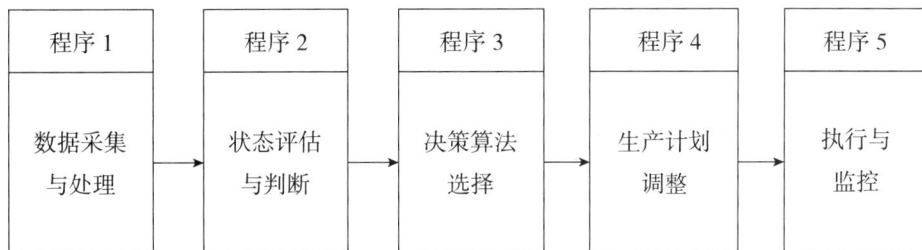

图6-2　生产计划主动调整程序

1.程序1：数据采集与处理

采集与生产相关的数据，包括生产进度、产能利用率、设备状态、原材料库存等。并对采集到的数据进行清洗、聚合、挖掘等。

2.程序2：状态评估与判断

根据判断条件和规则，评估生产环境的状态，判断是否需要进行生产计划调整，如判断是否存在产能短缺、工时超出预期、原材料库存不足等情况。

3.程序3：决策算法选择

基于已有数据和判断条件，选择合适的决策算法，如基于规则的逻辑判断、基于数据驱动的机器学习算法等。根据不同情况，选择适合的算法来进行生产计划调整决策。

4.程序4：生产计划调整

根据选定的决策算法，对生产计划进行相应调整，包括调整生产数量、生产时间、生产顺序等，以实现最优的生产效果。

5.程序5：执行与监控

执行调整后的生产计划，指导生产现场人员进行实际生产，持续监控生产情况，收集实时数据，如生产进度、质量指标、资源利用率等。

6.2.2　生产计划被动调整应对办法

生产计划被动调整应对办法能够规范工厂在生产计划需要被动调整时的操作流程和责任分工，确保生产计划调整能够及时、准确应对生产环境变化，保障生产过程顺利进行，确保最大限度减少生产延误时间和生产资源浪费，提高生产效率和产品质量。

生产计划被动调整应对办法

第1章　总则

第1条　为了应对生产计划因内部或外部原因发生被动调整的情况，确保生产计划的顺利进行，保障生产效率和产品质量，特制定本办法。

第2条　本办法适用于工厂所有生产部门。

第3条　生产计划的被动调整应遵循以下原则。

1.优先保障客户需求。在调整生产计划时，应优先保障客户订单的交付期限和数量。

2.合理利用资源。在调整生产计划时，应合理利用生产资源，避免资源过度闲置或过度负荷。

3.降低生产成本。在调整生产计划时，应考虑降低生产成本，提高生产效率，确保生产活动的经济合理性。

第2章　调整原因及类型

第4条　被动调整原因如下所示。

1.非紧急情况调整。

（1）生产计划变更。生产计划变更可能会导致生产任务的数量、时间或种类发生变化，需要及时调整以保证生产进度。

（2）机器设备故障。机器设备故障可能会导致生产进度延误，需要及时调整生产计划以应对设备问题。

（3）原材料短缺。原材料供应不及时可能会导致生产进度受阻，需要及时调整生产计划以应对原材料供应不足的情况。

（4）人力资源调整。人力资源调整可能会导致生产任务的完成时间或数量发生变化，需要及时调整生产计划以保证生产进度。

（5）物流运输问题。因为物流运输问题导致生产计划被动调整。

2.紧急情况调整。

火灾、化学泄漏、自然灾害等突发事件可能会对生产造成严重影响，需要根据情况及时调整生产计划以保障员工安全和生产进度。

第5条　被动调整类型如下。

1.生产任务调整。

生产任务调整主要包括生产任务的数量、时间和种类的调整。

2.生产流程调整。

生产流程调整主要包括生产流程的工序、工艺和质量检验流程的调整。

第3章　非紧急情况调整应对

第6条　生产计划变更情况调整应对措施。

1.增加人员。如果突然接到大量订单，需要增加人员来保证生产进度。可以通过调整人员班次和工作时间，实行加班和轮班等方式来满足生产需求。

2.调整生产计划。根据订单量和交货期限等因素，重新调整生产计划和任务分配。可以通过推迟部分生产任务，优先生产紧急订单等方式来满足生产需求。

第7条　机器设备故障情况调整应对措施。

1.应急维修。如果机器突发故障，需要进行应急维修，可以采取调整任务优先级的方式，将待生产的任务暂时推迟，优先处理故障机器。

2.更换备用机。如果机器无法在短时间内修复，可以通过更换备用机的方式保证生产进度，工厂需要提前准备好备用机并定期对备用机进行维护保养。

第8条　原材料短缺情况调整应对措施。

1.寻找替代原材料：如果原材料短缺，可以通过寻找替代原材料的方式来满足生产需要。工厂需要在生产前做好充分的准备工作，对原材料的选型和试验做好前期工作。

2.调整生产计划：如果找不到合适的替代原材料，可以根据原材料库存和预期交货日期，重新调整生产计划和任务分配，保证生产进度和产品质量不受影响。

第9条　人力资源调整情况应对措施。

1.增加人员。如果生产任务突然增加，可以通过增加人员的方式来保证生产进度。工厂需要提前做好人员调配计划，避免因缺乏工作经验而影响生产进度和产品质量。

2.调整班次。如果生产任务变化不大，但需要加班完成，可以通过调整班次来满足生产需要。工厂需要在确保员工安全和符合劳动法规要求的前提下，合理安排工作时间和休息间隔。

第10条　物流运输问题情况调整应对措施。

1.加快物流速度。如果因物流运输问题导致原材料和产品不能及时到达，可以采取相应措施加快物流速度，如调整运输路线和方式，加强物流管理等。

2.推迟交货日期。如果物流运输问题无法在短时间内解决，可以通过与客户协商推迟交货日期的方式，来保证产品质量。工厂需要提前与客户进行沟通，协商新的交货日期并做好相关的工作安排。

第4章　紧急情况调整应对

第11条　发生火灾紧急调整应对。

1.紧急疏散。在火灾发生时，应立即按照紧急预案进行疏散，确保人员安全。

2.关闭设备。在疏散期间，应立即关闭生产设备，防止火灾扩散和造成更大的损失。

3.恢复生产。在火灾得到有效控制后，应进行现场检查和维护，并确定设备是否受损。如无受损，可以继续生产；如有受损，应及时进行维修或更换。

第12条　发生化学泄漏紧急调整应对。

1.疏散人员。在化学品泄漏时，应立即疏散周围人员，并通知有关部门处理。

2.停止生产。在化学品泄漏造成威胁时，应立即停止生产，并采取相应措施，以保护生产设施和人员的安全。

3.处理污染。在化学品泄漏后，应立即采取污染控制措施，进行化学品的清理和处理。

第13条　发生自然灾害紧急调整应对。

1.撤离人员。如果发生地震、泥石流等紧急情况，应立即按照紧急预案进行撤离，确保人员安全。

2.暂停生产。如果紧急灾害对生产设施和人员造成了威胁，应立即暂停生产并采取安全措施，待紧急情况解除后恢复生产。

第5章　原有计划调整与协同合作

第14条　根据生产计划调整的需要，对原有计划进行调整，并与相关部门和团队进行沟通，确保各部门和团队之间的协同合作。

1.对原有计划的生产、采购、仓储等方面进行调整，确保计划的一致性和可执行性。

2.与相关部门和团队进行沟通，明确各部门和团队的职责和任务，确保协同合作顺利进行。

第15条 建立跨部门团队之间的沟通渠道和信息共享机制，确保信息的及时传递。

1.建立跨部门团队之间的沟通渠道，通过开展定期会议、建立信息系统等方式实现，确保信息能够及时传递和共享。

2.通过信息共享机制，共享生产计划、库存情况、生产进度等信息，以便团队之间能够及时了解生产情况，并做出相应调整。

第16条 确保团队之间能够按照调整后的生产计划和任务进行协同合作，及时报告生产情况，共同解决生产过程中出现的困难。

1.团队之间应按照调整后的生产计划和任务进行协同合作，确保生产任务按时完成。

2.团队之间及时报告生产情况，包括生产进度、质量问题、原材料短缺等，以便能够及时解决问题并调整生产计划。

第6章 附则

第17条 本办法由生产部负责编制、解释与修订。

第18条 本办法自××××年××月××日起生效。

6.3 生产计划优化

6.3.1 生产计划问题分析

生产计划的制订、调整及执行一般会伴随各种问题，分析这些问题并找到对应解决方案，可以提高工厂的生产计划执行效率，减少生产延误和质量问题，降低生产成本，提高产品交付能力，增强工厂核心利益。生产计划常见问题及分析如表6-1所示。

表6-1　生产计划常见问题及分析

常见问题	具体分析	解决关键
产能不足	产能不足由多个因素引起，如设备能力限制、人力资源不足、原材料供应不稳定等	◆ 合理评估和管理产能，进行设备的合理配置和维护 ◆ 及时储备人力资源，与供应链紧密协作
需求预测不准确	◆ 实际需求低于预测会导致库存过多，增加库存成本和占用资金，对工厂的盈利能力和现金流造成压力 ◆ 实际需求高于预测会导致库存过少，使生产线停滞，无法满足客户需求，影响订单履约率	◆ 提升需求预测的准确性，使用先进的预测工具和技术 ◆ 加强市场调研，与营销部紧密合作
生产计划变更频繁	◆ 生产计划变更频繁可能导致生产线资源分配不稳定，生产进度被打断，从而影响生产效率 ◆ 生产计划变更可能由于市场需求变化、生产线故障等引起，但频繁变更会增加生产线调整成本	◆ 合理规划生产计划，充分考虑市场需求和资源供应情况 ◆ 减少不必要的变更，确保生产线稳定运行，提高生产效率
缺乏实时监控和反馈机制	◆ 缺乏实时监控和反馈机制可能导致生产线上出现问题无法及时被发现和解决 ◆ 该情况下问题可能在生产过程中逐渐累积，导致生产延误和资源浪费等	◆ 引入实时监控和反馈机制，如应用生产线传感器和监控系统等 ◆ 建立有效反馈机制，如生产报告、异常报警等
缺乏跨部门协作机制	生产计划执行需要多个部门协同配合，包括销售部、生产部、采购部等，缺乏有效协作机制会导致生产计划执行困难	建立跨部门沟通机制，定期召开生产会议和协调会议
未考虑生产资源利用率	生产计划没有充分考虑生产资源利用率和效率，可能导致生产线资源浪费和生产成本增加	合理规划设备生产任务，优化人员安排和调度
供应链协调不足	与供应链协调不足可能会出现运输和物流问题，如物料和产品滞留、运输延误和交付不准时等	共享信息和数据，加强协调和沟通，优化运输和配送流程
缺乏灵活性和适应性	市场变化导致生产计划需要灵活调整，缺乏灵活性和适应性会导致生产延误和客户订单无法满足	考虑不同情境下的生产资源调配和产能规划情况
缺乏可视性和透明度	生产计划缺乏可视性和透明度，可能导致信息不畅通、决策困难和生产执行失误	建立集中化生产计划管理系统，集成生产计划和相关数据
与质量管理协调不足	生产计划与质量管理之间协调不足可能导致生产过程中出现质量问题，从而影响产品质量和客户满意度	加强生产计划与质量管理之间的沟通和协作，确保达成质量要求

184

续表

常见问题	具体分析	解决关键
与环境保护不协调	生产计划与环境保护之间不协调可能导致环境污染和产生法律风险，会对工厂声誉和核心利益造成负面影响	引入环保技术和设备，优化生产过程，减少环境污染

6.3.2　生产计划优化推进方案

生产计划优化推进方案可以帮助工厂优化生产计划，提高生产效率和产品质量，强化生产计划管理，提升员工技能，实现工厂高效生产和可持续发展。

生产计划优化推进方案

一、问题分析

本工厂车间生产计划经常出现延误、调整频繁、资源利用率低等问题，导致交付能力下降，库存高企，生产效率不高。

通过对过去半年生产数据的分析，发现生产计划准时交付率仅为70%，平均生产周期较长，生产线存在频繁停机和换线的情况，生产资源利用率仅为60%，库存水平较高，生产计划调整频率较高。

二、目标设定

明确生产计划优化的具体目标。

（一）生产效率提高5%

通过优化生产计划，合理配置资源，改进生产流程和进行员工培训，提高生产效率，并提高产量和交货准时率。

（二）生产成本降低5%

通过优化供应链、优化现场生产流程、优化物料浪费管控流程、优化生产工艺，加强质量管理和员工培训，减少次品率和退货率，降低生产成本，增强工厂竞争力。

（三）生产周期缩短5天

建立科学合理的生产计划管控机制，包括生产调度、进度跟踪、报告和异常处理等，确保生产进度加速和生产周期缩短。

三、进行现状评估

（一）收集生产数据

包括生产流程情况、设备利用率、工人工作时间、原材料供应情况、次品率、人均产量等。

（二）分析当前生产计划中存在的问题

如生产延误、库存积压、资源分配不均、供应链中断、生产浪费严重、设备故障、人员短缺等。

四、优化策略制定

（一）改进生产流程

消除非增值活动，如减少不必要的搬运和等待时间。重新设计流程，实现连续性生产。

（二）优化设备管理

实施预防性维护计划，确保设备正常运行，减少故障停机时间。评估设备的生产能力，合理安排设备的使用时间，优先安排高产能设备投入使用，优先安排批量大的订单生产。

（三）优化人员调度

根据订单需求和员工技能，合理安排人员班次和工作任务。开展员工培训，提高员工技能水平，以应对生产中的灵活调配。

（四）供应链协同

与供应商建立紧密合作，确保原材料的及时供应和质量稳定性。优化库存管理，减少库存成本，优化生产方式。

五、实施计划

制定详细的时间表，明确每个优化措施的实施步骤和责任人。分阶段推进优化方案，先在小范围内进行试点，成功后再全面推广。

六、保障措施

（一）实施生产现场实时监控

设立实时生产监控系统，每5分钟采集一次设备运行状态数据，确保设备运行稳定。

（二）进行设备维护预测和优化

根据设备运行数据，预测设备需要维护的时间点，并提前安排维护计划，避免设备故障导致生产中断。

（三）进行产品质量数据分析与改进

每天对各生产批次进行质量抽检，若某批次不合格品率超过2%，立即停线进行改进。

（四）优化库存管理

通过库存数据和供应链数据，进行库存模拟和优化，明确合理的订货点和订货量，避免库存过高或过低，减少库存持有成本。每周进行一次库存模拟，并调整订货点和订货量。

七、监督与评估

（一）定期评估

建立关键绩效指标（KPI）体系，其中应包括生产周期、产品合格率、成本等相关指标，定期监控和评估优化效果。

（二）分析偏差

对比实际数据与设定目标，分析偏差原因，及时调整优化方案。

八、持续改进

鼓励员工提出改进建议，形成持续改进的文化。定期回顾和更新生产计划优化方案，以适应市场变化和工厂发展需求。

6.4 生产计划变更、调整、优化管理精进化实施指南

6.4.1 生产计划变更、调整应对预案

生产计划变更、调整应对预案可以帮助工厂应对生产计划变更和调整带来的挑战，保障生产计划的顺利执行，确保生产持续稳定进行，并不断提升工厂生产管理水

平和综合竞争力。

生产计划变更、调整应对预案

一、问题

通过对市场调研数据和内部生产数据的分析，发现生产计划存在以下问题。

1.产品A市场需求突然增加，超过了原有的生产计划产能，导致交付延迟率达到15%。

2.产品B市场需求下降，导致库存积压，库存周转天数达到45天。

3.生产资源（人力、设备、原材料等）利用率不高，生产效率下降，产能利用率只有60%。

4.生产计划与供应链的协调不足，导致物料短缺，缺料率达到10%。

二、预案目标

确保生产计划变更后能够按时交付客户订单，保障生产的正常运营，实现工厂业务目标。

三、预案设计

（一）一般生产计划优化

1.产品A的生产计划产能调整为每月8000台，提高20%，确保能够满足市场需求的增加。同时，与采购部加强协调，提前储备物料，避免缺料导致的生产中断。

2.产品B的生产计划产能调整为每月2000台，降低33%，避免过高库存。同时与销售部加强沟通，及时了解市场需求，避免过量生产。

3.生产资源利用率优化目标提高到80%，通过平衡生产线、改进工艺、提升设备维护水平等方式，提高生产效率。每周进行生产资源利用情况的数据监控，及时发现并解决资源利用率低的问题。

4.加强生产计划与供应链的协调，建立每日物料需求与供应的信息对接机制，确保物料供应准时，缺料率控制在5%以内。

（二）紧急应对措施

1.针对产品A市场需求突然增加的情况，可以考虑在劳动法规允许条件下加班加点，增加生产人员和设备的投入，提高产能；或者考虑委外加工，缩短生产周期。

2.针对产品B市场需求下降的情况，可以采取促销、清库存等方式，缩小库存规模；或者调整生产计划，减少生产数量。

3.针对生产资源利用率不高的情况，可以实施平衡生产线、维护和改进设备、优化工艺等措施，提高生产效率。

4.针对生产计划与供应链协调不足导致的缺料问题，可以与采购部加强沟通，提前储备物料，或者寻找替代物料，以确保生产计划的顺利进行。

（三）应急预案管理

1.建立应急预案，针对生产计划和供应链出现突发变化的情况，包括市场需求剧增或下滑、供应链中断、缺料等情况，制定相应的应对措施和调整方案，并明确责任人和应急联系方式。

2.针对突发事件进行模拟演练，提前做好应急预案的验证和修正，确保在实际应急情况下能够迅速有效地应对，减少生产中断和交付延迟的风险。

四、结果预测

（一）生产效率提高

预计生产计划变更后，生产效率将提高17%，由于优化了生产资源的配置，能够避免生产过剩或产能不足的情况。

（二）生产周期缩短

预计生产计划变更后，生产周期将缩短5天，由于调整了生产时间和生产顺序，能够提高生产速度。

（三）供应链影响

预计生产计划变更后，可能会导致部分原材料供应不足，约有3%的订单可能会因此延误，但已与供应商沟通，预计在2周内解决供应问题，最大限度地减少供应链影响。

（四）员工影响

预计生产计划临时调整后，生产线上需要增加10%的工人数量，以满足新的生产需求，需要在生产计划变更前进行对应培训，以确保员工能够胜任新的生产工作。

五、保障措施

（一）数据监控和分析

1.建立生产计划执行的关键指标监控体系，包括交付延迟率、库存周转天数、产能利用率、缺料率等指标，并设定合理的目标值。

2.每日监控生产计划执行情况，并进行数据分析，定期汇报生产计划执行情况及问题分析情况，并制定对策进行改进。

3.每周对生产计划执行情况进行评估，及时调整生产计划和资源配置，确保生产计划能够按时完成，并有效控制交付延迟率、库存周转天数和缺料率。

（二）定期评估与持续改进

1.定期进行生产计划和生产资源利用的优化改进，包括平衡生产线、改进工艺、维护和升级设备等，以提高生产效率和产能利用率。

2.定期开展针对生产计划的沟通和协调会议，及时了解市场需求、物料供应情况和生产计划执行情况，共同解决问题，持续改进协同效能。

3.定期评估生产计划执行情况，对关键指标进行分析和评估，识别问题和潜在风险，并采取相应的改进措施。

4.不断改进生产计划和资源配置的流程和方法，根据实际情况和市场需求的变化，优化生产计划和产能配置，确保生产计划的灵活性和适应性。

6.4.2　生产计划优化报告

生产计划优化报告对工厂管理层、生产部和整体业务发展都具有重要的作用，报告可以为工厂提供决策依据，指导生产管理，推动持续改进，并加强部门间的沟通与合作，实现工厂整体业务持续发展。

生产计划优化报告

一、问题

根据对日常生产活动的监测和分析，生产部对近期的生产计划进行了深入研究和评估。通过对实际生产数据的分析和与生产计划的对比，生产部发现了以下问题，并基于实际生产数据进行了整理。

1.生产效率低下

按照生产计划进行生产时，生产线闲置时间较长，生产周期较长，生产效率较低。生产数据的分析结果显示，生产线的平均利用率仅为60%，存在较大的提升空间。

2.生产成本较高

原材料采购成本较高，设备维护保养成本较高，导致生产成本居高不下。成本数据的分析结果显示，原材料采购成本占比超过30%，设备维护保养成本占比超过15%，成为影响生产成本的重要因素。

3.产品质量不稳定

存在产品次品率较高的情况，影响了产品的合格率和客户满意度。质量数据的分析结果显示，产品次品率在过去三个月内波动较大，平均合格率仅为85%，存在较大的改进空间。

二、分析

经过对上述问题的深入分析，生产部认为以下原因导致了上述问题的产生。

1.生产线布局不合理

生产线布局不合理导致了生产流程不顺畅，设备闲置时间较长。生产数据的分析结果显示，生产线中存在瓶颈工序和物料传递不畅的问题，导致生产线闲置时间较长。

2.原材料采购管理不足

工厂没有建立有效的供应商管理机制，导致原材料采购机制不够优化。成本数据的分析结果显示，工厂对原材料采购的管理不够严格，因此导致采购成本较高，存在重复采购、库存超限和缺乏供应商选择等问题。

3.设备维护保养不到位

工厂对生产设备的维护保养不足，导致设备故障率较高，维修成本较大。设备维护记录的分析结果显示，工厂存在设备保养计划不完善、维修人员技能不足等问题。

4.生产过程控制不严

生产过程中存在生产参数控制不严的问题，导致产品质量波动较大。质量数据的分析结果显示，产品合格率与生产参数之间存在关联，生产参数未得到严格控制。

三、解决办法

基于以上问题，生产部提出了以下解决办法。

1.优化生产线布局

对生产线进行重新布局，减少瓶颈工序，优化物料传递流程，缩短生产周期，提高生产效率。通过对生产数据进行实时监控和分析来优化生产线，提高生产线的利用率。

2.强化原材料采购管理

建立完善的供应商管理机制，加强对供应商的评估和选择管理，优化采购计划，减少库存，避免重复采购，降低采购成本。通过与供应商建立长期合作关系，来优化采购流程，提高采购效率。

3.加强设备维护保养

完善设备维护保养计划，定期进行设备检修和保养，提高设备的可靠性和稳定性，降低维修成本和故障率。通过培训提升维修人员的技能水平，加强设备管理和监控。

4.强化生产过程控制

设立严格的生产参数控制标准，对生产过程进行严密监控，及时发现并处理生产过程中的异常情况，提高产品的合格率。通过引入先进的生产控制技术，如自动化生产和质量控制系统，来提升生产过程的稳定性和一致性。

四、持续优化措施

尽管已经对生产计划进行了优化，但是随着市场需求的变化和生产过程的不断改进，需要持续优化计划以确保最大限度地满足客户需求并最大限度地提高生产效率。

1.定期审查生产计划

每月对生产计划进行审查，以确定是否需要调整生产计划以适应市场需求的变化和生产过程的改进。根据产品需求、销售趋势和库存水平等因素进行调整。

2.加强数据分析

继续收集和分析生产过程中的数据，以识别生产过程中的瓶颈，并提高生产效率。

3.实时监控生产过程

采用实时监控手段追踪生产过程中的各个环节，识别潜在的问题或机会。

4.进行员工培训

持续对生产团队进行培训，提升他们的技能，增强他们对生产计划的理解力和参与度。

五、报告总结

通过对生产计划进行分析，生产部发现工厂存在生产效率低下、生产成本较高和产品质量不稳定等问题。

　　生产部针对这些问题提出了解决方案，包括优化生产线布局、强化原材料采购管理、加强设备维护保养和强化生产过程控制等。这些解决方案旨在提升工厂的市场竞争力，降低生产成本，提高产品质量。

　　在实施解决措施时，工厂应根据具体情况，制订详细的计划，并在计划实施过程中进行监控和评估，及时调整和改进。同时，工厂还应加强团队合作，优化内部协同机制，提高生产部的管理水平和绩效评估体系，以持续推动生产效率和质量的提高。

生产部

××××年××月××日

07

第 7 章

生产进度跟踪、控制与交期管理精益化

▶ 7.1　生产进度跟踪

7.1.1　生产进度跟踪方式

工厂进行生产进度跟踪能够对生产流程进行全方位的管理、保证生产进度的准确性、优化生产计划和流程、提高生产效率、确保信息的准确性和及时性。生产进度跟踪方式主要包括以下4种。

1.现场进度跟踪

现场进度跟踪需要对设备情况、物料配送情况、生产线情况等进行监测，以保证生产进度。

（1）实地观察

通过在现场实地观察的方式，了解生产现场的实际情况，包括生产进度、物料配送进度、工作人员的工作情况等。

（2）看板搭建

在生产现场搭建看板，用于展示生产进度、物料配送情况、经济效益等信息，方便管理人员和工作人员了解生产情况。

2.人员整体工作时长、进度、质量跟踪

包括对生产人员的出勤情况、任务完成进度、工作效率等进行监测和评估，主要关注生产工作的进度和质量。

（1）员工考勤

通过员工考勤系统，对员工出勤情况进行记录和管理，统计出勤率、迟到次数、早退次数等信息。

（2）完成进度

对生产人员完成工作的进度进行评估，并对影响员工工作进度的因素进行分析，同时给出解决方案。

（3）完成质量

除了工作时长和工作进度，还要关注员工工作的完成质量情况。进度和质量的有效统一，是跟踪的主要考量目标。

3.供应链跟踪

供应链跟踪包括对物料采购、入库管理、发料环节、领用环节、材料配送和库存管理等环节的跟踪管理，以确保物料供应及时、充足、准确，确保生产进度按计划完成。

（1）物料采购

采购的物料要记录原料规格、型号、供应商信息及采购日期、数量等重要信息。

（2）入库管理

对采购的物料及时进行入库管理，并制作相应的入库记录。入库信息应该包括原料名称、型号、数量等，以便使用时的查找。

（3）发料环节

生产计划制订后，需要根据产品规格、工序和数量制订物料发放计划。在发料环节中，需要检查是否发放了正确的物料，同时需要记录相关信息，包括物料名称、发放数量、使用单位、发放人员及发放时间等信息。

（4）领用环节

领用物料需要在记录中载明，登记物料名称、领用数量、使用单位、领用人员及领用时间等信息。

（5）材料配送

对于需要配送物料的情况，应进行严格的物料配送管理，以确保物料的安全和准确配送。

（6）库存管理

对物料库存进行及时、准确的管理，如对库存物料进行定期清点和校验，提高物料库存管理的准确性和及时性。

4.信息化进度跟踪

信息化进度跟踪包括对工厂主数据、库存数据、生产数据等进行分析和处理，分析生产进度，实时调整生产计划，提高生产效率和质量。

（1）问题预警

通过MES系统、ERP系统实现生产计划制订、调度、执行和跟踪管理，及时预警生产进度问题。

（2）手机实时监测

通过系统与手机的连接，管理生产计划，以及物料采购、储存、配送等环节，在线监控生产过程。

7.1.2　生产进度跟踪工具

生产人员利用现代化的跟踪工具可以保证生产进度跟踪工作的高效化与准确化，生产进度跟踪工具主要有以下3种类型。

1.系统跟踪

市面上有许多专门的生产管理软件，如APS、MES等，可以实现生产进度的实时监控、生产计划制订、生产进程跟踪等功能。这些软件通常与工厂ERP系统相集成，方便管理人员进行数据查询和分析。

2.看板跟踪

生产进度信息看板是现代化工厂生产进度的重要展示工具之一，它能够将生产进度通过直观、简明的方式展现出来，从而使生产管理者能迅速地把握整个生产线的实时运行情况，识别进度问题，并采取相应的措施解决问题。生产进度信息看板如表7-1所示。

表7-1　生产进度信息看板

××××年××月××日　星期×　××：××

组别信息	3组		组长	张××	组员	宋×× 吴×× 吕××			
当日订单数	5个	当日订单量	3500件	当日完成量	1200件	剩余数量	2300件	累计产量	454516件
序号	订单编号		附加说明			订单数量	生产状态	完成状态	码放区域
1	FB45-4515		文字说明			800件	正常	完成	南二区
2	FB78-5545		文字说明			600件	加急	未完成	南一区
3	FB49-4658		文字说明			500件	待生产	未完成	东四区

3.Gantt（甘特）图跟踪

Gantt图是一种可视化的生产进度跟踪工具，基于时间轴的概念，用来展示各个生产项目的计划进度和实际进度。Gantt图可以帮助生产人员准确把握生产任务的执行情况，及时发现和解决生产进度问题。任务计划Gantt图如表7-2所示。

表7-2　任务计划Gantt图

×××× 年 ×× 月 ×× 日

序号	任务名称	类型	开始日期	结束日期	一 1	二 2	三 3	四 4	五 5	六 6	七 7	一 8	二 9	三 10	…
1	××	计划	×××× 年 ×× 月 ×× 日	×××× 年 ×× 月 ×× 日	■	■	■								
		实际	×××× 年 ×× 月 ×× 日	×××× 年 ×× 月 ×× 日	■	■	■	■							
2	××	计划	×××× 年 ×× 月 ×× 日	×××× 年 ×× 月 ×× 日						■	■	■	■		
		实际	×××× 年 ×× 月 ×× 日	×××× 年 ×× 月 ×× 日						■	■	■	■	■	

7.1.3　生产进度全面跟踪管理办法

工厂通过制订科学合理的生产计划、采用信息化手段进行生产进度跟踪、建立问题汇报制度等方法，可以有效跟踪生产进度，保证生产流程顺畅、产品质量优良。

生产进度全面跟踪管理办法
第1章　总则

第1条　目的

为了有效实施生产进度全面跟踪，提高生产效率和产品质量，满足客户需求，保证产品按时交付，增强工厂核心竞争力，特制定本办法。

第2条　适用范围

本办法适用于工厂生产进度全面跟踪管理工作。

第3条　全面跟踪的范围

本办法所称生产进度全面跟踪的范围包括供应链跟踪、生产计划跟踪和生产过程跟踪。

第2章　供应链跟踪

第4条　供应链跟踪环节

1.订单跟踪。通过订单管理系统，掌握订单的状态信息，及时调度和安排生产。

2.采购跟踪。通过供应商档案管理系统和采购管理系统，对供应商的资质和能力进行考查。

3.运输跟踪。获取运输过程的实时信息，对物流配送中的问题加以解决。

4.库存跟踪。库存跟踪涉及生产、仓储、物流、质检等多个方面。

第5条　供应链跟踪办法

1.RFID（射频识别）技术。利用RFID技术对物品进行标记和追踪，实现物流管理和供应链跟踪。

2.GPS（全球定位系统）定位技术。通过GPS定位技术实现对物流车辆、货物等的定位追踪，提高运输效率和安全性。

3.物流信息管理系统。对供应链上下游的相关信息流、物资流、资金流等进行跟踪和管理。

4.预警系统。通过监测、收集和分析供应链各个环节的数据，及时发现供应链中存在的问题和风险。

5.供应商管理。对供应商进行评估和考核，实现供应链管理的精细化。

6.库存管理。对库存进行精细管理，控制库存数量，避免物资、资金的闲置。

第3章　生产计划跟踪

第6条　生产计划跟踪环节

1.计划编制。根据市场需求、工厂能力、生产资源及生产条件等，制订合理的生产计划，计划中应包括生产量、交货期限、生产周期、生产资源配备等内容。

2.计划发布。将编制好的生产计划发布到生产环节各个岗位，并进行培训和指导，以确保生产人员清楚了解他们的任务，并做好相应的准备工作。

3.计划执行。监控计划的实施情况，收集、分析、整理生产中的数据，制定相应措施，确保生产质量、生产效率和生产安全得到保证。

4.计划跟踪。对生产计划的执行情况进行跟踪和监控，了解计划完成的进度、质量和效率等情况，及时发现问题并进行调整。

5.计划变更。由于特殊原因导致生产计划需要变更时，需要对计划进行调整，并及时通知和培训有关人员。

第7条 生产计划跟踪办法

1.建立跟踪记录机制。建立生产计划跟踪记录机制，及时记录生产环节的相关信息，包括生产流程、生产质量、设备状态等，以便进行后续的运营分析和持续改进。

2.引入大数据技术。采用大数据技术，通过实时数据的集成和分析，更好地捕获和解读生产环节中的信息，实现信息化、数字化和科学化。

3.做好生产计划的评估和调整。定期对生产计划进行评估和调整，及时发现计划中存在的问题，并对其进行改进，以保证生产计划的合理性和可实施性。

第4章 生产过程跟踪

第8条 生产过程跟踪环节

生产过程跟踪环节指对生产过程中的人员、设备、物料、半成品和成品进行跟踪。

第9条 人员跟踪

要求员工每天提交工作日报，汇报自己的工作进展、遇到的问题及解决方案，以便管理人员及时掌握员工工作情况。

第10条 设备跟踪

1.设备使用记录。对生产过程中设备的使用情况进行全面跟踪和记录，包括设备的使用时长、设备的使用频率、设备的使用效果、设备故障情况等。

2.设备维护与保养。对生产设备进行定期的维护保养，并且将维护保养的情况进行详细记录。

3.设备更换。当设备的使用寿命到达规定的年限，或因故障无法继续使用时，需要及时更换设备，并对更换设备的信息进行全面记录，包括更换时间、更换设备的型号和编号等。

4.设备运行状态跟踪。对设备的运行状态进行全面跟踪和掌握，了解设备运行时是否存在异常情况，及时处理设备运行过程中出现的问题，保证生产过程的顺利进行。

第11条 物料跟踪

跟踪物料的采购、入库、发料、领料等环节的执行情况。

第12条　质量跟踪

对生产过程中产品的尺寸、内部结构、配方、温湿度等因素进行监控和管理，确保生产出的产品符合质量要求。

第13条　半成品跟踪

1.半成品检验。检查半成品的外观、尺寸、包装等，以确保半成品的质量符合标准。同时，设立相应检验标准，对半成品进行检验，筛选出货品中的次品。

2.半成品储存。对半成品储存过程进行管理，记录半成品的类型、数量、订单号等信息，监控半成品的储存时间、存放温度、存放时间等，确保半成品的储存状态得到有效保护。

3.半成品加工。对半成品的加工过程进行质量监控。

第14条　成品跟踪。

1.质量控制。对成品进行质检、品管、检测等，确保产品的质量满足标准。

2.出货过程控制。对成品的出货过程进行严格的跟踪和监管，包括调度出库、运输、交付和售后服务等，确保成品的安全送达。

第15条　生产过程跟踪办法

1.绩效考核。确定生产人员的关键绩效考核指标，对生产人员进行工作绩效考核与评价。

（1）生产效率。单位时间内完成的数量或体积。

（2）质量。产品或服务的质量合格率。

（3）安全。生产过程中发生安全事故的数量和性质。

（4）交货时间。产品或服务按照规定时间交付的比例。

（5）成本控制。生产过程中控制成本的能力。

2.生产看板。根据任务创建生产看板，进行生产进度跟踪。

3.系统跟踪。利用生产管理系统对生产进度、设备运行情况、物料使用情况等进行跟踪、分析与处理，分析生产进度，实时调整生产计划，提高生产效率和品质。

4.工艺控制。采用严格的质量控制标准控制生产工艺，以保证产品符合质量标准。

5.检验和测试。建立检验和测试规范，对产品的各项指标进行检验，包括物理性能、化学成分、生产工艺等，以确保产品的品质符合要求。

6.追溯系统。建立产品追溯系统，对生产流程和产品信息进行记录，并保证能对所有步骤进行追踪，以便在发现质量问题时进行定位和解决。

第5章 附则

第16条 编制单位

本办法由生产部负责编制、解释与修订。

第17条 生效日期

本办法自××××年××月××日起生效。

7.1.4 生产进度跟踪反馈管理规定

生产进度跟踪反馈管理规定可以帮助管理人员掌握生产进度，及时获取生产线的信息，帮助管理人员把握生产全局，避免发生生产线长时间停滞等不良情况，是生产过程管理的重要管理工具。

生产进度跟踪反馈管理规定

第1章 总则

第1条 目的

为使管理人员能够及时了解生产计划的执行情况，及时与供应商、客户和其他部门进行沟通，以便随时调整生产策略，保证货物按计划交付，特制定本规定。

第2条 适用范围

本规定适用于生产进度跟踪反馈工作的管理。

第2章 反馈内容、人员与对象

第3条 反馈内容

1.生产信息。按计划完成的进度、生产线异常情况等。

2.设备信息。设备需求与采购情况、设备运行情况、设备故障情况等。

3.质量信息。成品、半成品质量情况。

4.安全信息。安全排查情况、安全事故情况等。

5.特殊信息。生产过程中出现的重大的、紧急的、突发的事件。

第4条 反馈人员

生产车间人员、设备使用人员、质量管理人员、安全管理人员。

第5条　反馈对象

反馈对象包括生产车间负责人、生产部主管、设备管理人员、生产现场人员、质量监控人员等相关人员。

第3章　生产进度跟踪反馈时机

第6条　生产信息反馈时机

1.水、电、燃料不足，影响生产，原因不明时。

2.材料不足时。

3.各部门与生产车间协调和沟通有问题时。

4.全停电、全停水时。

第7条　设备信息反馈时机

1.设备出现故障时。

2.需采购设备易损件时。

第8条　工艺、质量信息反馈时机

1.当生产过程中各类消耗、产品质量、工艺状况出现较大波动时。

2.连续出现质量问题时。

第9条　安全信息反馈时机

1.发生工伤或重大事故时。

2.发生一般未遂事故时。

第10条　订单信息反馈时机

生产订单变更或出现紧急插单情况时。

第4章　特殊信息反馈时机

第11条　重大信息反馈时机

1.生产过程出现的严重及批次性不合格品的质量信息。

2.政策变化，如环保政策、税收政策、进出口政策等政策变化，可能对一些生产环节产生限制，从而影响生产过程的正常运转。

第12条　紧急信息反馈时机

1.自然灾害，如地震、洪水、暴风雨等，可能破坏生产基地和设备，影响物流、交通和供应链的正常运转。

2.生产过程中造成停产、停用、危及人身安全及直接影响质量指标和生产任务完成的质量事故或重大质量问题。

第13条 突发信息反馈时机

突发安全事故,如火灾、化学泄漏、重大安全事故等,严重危及生产设备、员工和生产资料的情况。

第5章 反馈信息处理要求

第14条 反馈处理时间

1.当有异常现象发生时,生产人员应立即反馈给车间负责人,车间负责人不能处理时,应第一时间电话通知主管人员,主管人员须在30分钟内确认异常状况,并及时解决。

2.如主管人员不能及时解决,须电话通知部门经理,严重时须同时通知共同责任单位,共同责任单位需在30分钟内到现场共同讨论,并给予现场处理方法。

第15条 全程跟踪

在整个异常过程中,车间负责人需全程跟踪处理结果,直到问题得到妥善处理。主管人员及共同责任单位接到电话时,如遇外出或其他原因不能处理,则须指定委托人立即处理。

第16条 立即反应

各级人员接收到异常信息时,须立即反应,并给予明确答复,回答不能模棱两可,更不能推脱,甚至拒绝。

第17条 应急预案

当发生重大紧急事故时。生产部人员应立即启动应急预案。最大限度避免对生产进度造成影响。

第6章 附则

第18条 编制单位

本规定由生产部负责编制、解释与修订。

第19条 生效日期

本规定自××××年××月××日起生效。

7.2 生产进度控制

7.2.1 生产进度控制关键点

生产进度控制是工厂生产管理中的关键环节，生产进度控制关键点如图7-1所示。

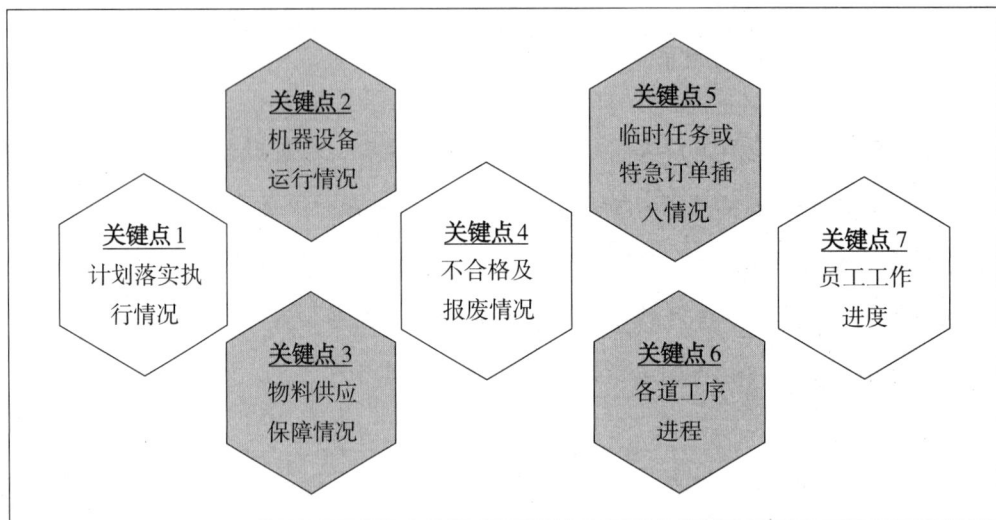

图7-1 生产进度控制关键点

7.2.2 生产进程控制管理办法

生产进程控制管理办法注重全面监控和管理生产进度，规范生产流程，改进生产工艺，提高员工素质，不断提升质量水平，通过全面的质量保证来促进工厂的发展。

生产进程控制管理办法
第1章 总则

第1条 目的

为了保证生产进度，提高生产质量，特制定本办法。

第2条 适用范围

本办法适用于生产进程控制的管理工作。

第3条 生产进程控制的范围

本办法所称生产进程控制主要包括人员控制、设备控制、物料控制、质量控制、意外控制。

第2章 人员控制

第4条 培训和技能提升

对生产人员进行定期培训,能够提升生产人员的职业素养和工作能力,提高生产效率。主要培训内容如下。

1.生产流程。工厂的生产流程,包括原材料的采购、加工,成品检验和包装等环节,在讲解时应着重强调生产标准的要求。

2.工序技能。生产中的具体操作技能,如机器操作、工具使用、产品制造、产品检测等技能。

3.质量管理。质量管理的概念和方法,包括采用严格的质量控制标准控制原材料的选择和生产工艺,稳定的检验和测试规范等,以让生产人员了解和掌握质量管理的重要性。

4.安全教育。生产人员的安全是工厂的重要保障,在培训中需要讲解工厂的安全政策和安全制度,教育员工如何正确使用工具和设备,以及如何应对突发事故等。

第5条 岗位责任制

建立岗位责任制,明确每个生产人员的职责,确保每个人都能够承担自己的责任,并为其工作成果负责。

第6条 考核评价

制定考核评价标准,对生产人员的日常工作进行考核,并根据考核结果进行奖惩,激励员工积极工作,提高生产效率。

第3章 设备控制

第7条 巡检、保养

1.定期对生产设备进行巡检和维护,以便及时发现设备故障,并进行修复,避免因设备故障带来的生产延误和经济损失。

2.对设备进行保养,替换耗损件、检查油液、清洗润滑口等,长期保持设备的良好状态。

第8条　远程监控

通过网络手段对设备进行远程监控，实时了解设备运行情况，及时发现并解决设备故障问题。

第9条　监控预警系统

使用监控预警系统，及时发现设备故障，设定各种警戒标准，通过信号警示及时向工作人员汇报，确保故障得到及时处理。

第4章　物料控制

第10条　按计划采购

1.进行生产物料采购前，要充分分析生产计划，确保物料采购计划和采购时间点适宜。

2.确定采购计划后，明确生产所需的原材料、零部件和半成品等物料的种类、数量和质量要求。

3.建立供应商评价体系，对供应商进行评估，保证物料质量符合标准。

4.确定采购量，建立库存控制机制，调整库存水平，缩短库存周期，确保生产计划按期完成。

第11条　先入先出

1.在物料进仓时，为每批物料的集装箱或包装箱贴上标签或条码，标识物料的生产日期和到期日期。

2.按照产品的种类、规格、类别等对其予以分类，确保产品的区位准确，避免混乱或使用过期的物资。

3.在使用物料时，记录接收物料的日期和数量，并与入库信息进行校验，确保使用物料时符合FIFO原则。

第12条　来料检验

1.安排专人负责来料检验，检验合格后方可投入生产。

2.来料验收标准必须基于购买计划中明确的规格和要求，以确保产品符合质量标准和生产需求。

3.对来料检验过程中收集的重要数据必须进行全面、完整和准确的记录。及时记录不合格数据，并向供应商反馈信息，确保来料检验的有效性。

第5章　质量控制

第13条　质量检验标准

保证生产的产品质量达到标准，符合相关法律法规的要求，质量检验标准包括国家标准、行业标准、工厂标准、强制标准等。

第14条　质量检验记录

严格记录检验结果，检验过程需要进行严格、全面的记录，还需将检验结果和检验数据及时录入管理系统，以便更好地追溯和跟踪产品质量。

第6章　意外控制

第15条　安全控制

1.加强安全知识培训和安全生产管理工作，保证生产场所的安全。

2.严格执行生产操作规程，确保生产技术安全。

3.安装各种安全设施（防护网、安检门、紧急停车装置等），确保员工和设备的安全，预防事故的发生。

4.生产过程中，安排专人负责安全监管工作，及时发现和处理安全问题。

第16　应急预案

制定应急预案，保证生产现场具备有效的应急措施，明确各种意外事件的应对措施和具体实施时间。

第7章　附则

第17条　编制单位

本办法由生产部负责编制、解释与修订。

第18条　生效日期

本办法自××××年××月××日起生效。

7.2.3　生产进度问题处置方案

生产进度问题处置方案针对生产进度问题建立了相应的处置机制和标准，从而保证生产进度问题能够得到及时有效的解决，保证生产经营的顺利进行。

生产进度问题处置方案

一、方案目标

1.建立生产进度监控系统。通过建立生产进度监控系统，及时掌握生产进度情况，提高反应速度，减少生产进度问题的出现。

2.及时发现和处理问题。及时发现生产进度问题，并采取措施进行处理，避免出现生产进度滞后的情况。

3.加强沟通和协调。加强和生产线负责人、设备维修人员、质量检测人员及销售人员的沟通和协调，共同解决生产进度问题。

二、处置要求

1.反应迅速：一旦发现问题，应当及时进行处置，尽量避免延误问题的解决时间。

2.协同配合：建立相应的沟通机制，协调各部门的工作，形成合力。

3.掌握进度：生产经理和相关人员应加强信息反馈，以掌握问题的解决进度。

4.规范管理：生产经理应当按照一定的流程和标准进行生产进度的管理和处置。

三、生产进度问题

1.物料短缺。

2.计划外的大量订单。

3.质量问题。

4.设备故障。

5.员工工作量不足。

四、处理措施

（一）物料短缺的处理

1.预测与实际进度的差距、测算短缺量。

2.通知供应商更换更快的运输方式。

3.向本地同类工厂进行紧急采购。

4.调配替代物资。

（二）计划外的大量订单的处理

1.调整工作时间、班次，紧急扩充产能，避免大幅度干扰正常排程。

2.根据生产实际情况及时调整生产计划，确保计划按时完成。

（三）质量问题的处理

1.一旦发现质量问题，应当及时通知质检部门，以便进行进一步的检验和处理。质检人员还可提供建议，帮助工厂在不影响生产进度的前提下，尽快解决问题。

2.如果质量问题比较严重，工厂可以采取隔离措施，在不影响整个生产流程的前提下，将产线隔离出来进行维护和处理。

（四）设备故障的处理

1.建立应急预案，并配备专业的维修人员，迅速处理常见的故障问题，避免故障扩大，导致生产进度的延缓或中断。

2.建立备件库，定期备货，特别是常用配件，以备设备故障时的紧急更换。

3.针对老化、陈旧设备导致的频繁故障问题，及时更换新的设备。

4.加强对设备的保养，定期检查设备状况，调整设备运行参数，减少停机时间。

（五）员工工作量不足的处理

通过考核奖励、培训等方式提高员工的工作积极性。

五、预期成果

1.供应链问题得到有效解决。

2.计划外订单得到有效处理。

3.质量问题得到改善。

4.设备故障得到有效预防。

5.员工工作积极性得到有效提升。

7.3　生产交期管理

7.3.1　不同生产方式的生产交期管理规定

不同的生产方式对生产交期有不同的要求，对不同生产方式的生产交期进行规定可以保证交期的合理性和可行性，提高生产效率和工厂的竞争力。

不同生产方式的生产交期管理规定

第1章 总则

第1条 为了加强对生产交期的管理，保证按质、按量、按期完成生产任务，确保产品能够在规定时间内交付客户使用，特制定本规定。

第2条 本规定适用于不同生产方式的生产交期管理。

第3条 本规定所称不同生产方式主要指以下几种。

1.订单式生产：通常是为了满足客户特定的需求而进行的，交期通常在订单中约定。

2.批量式生产：通常是在工厂内部进行的，生产前需要明确生产计划，并在计划中约定交货日期。

3.临时紧急生产：通常是由于突发事件导致的，一般交期没有事先约定，或者是非常紧急的交货日期。

4.小批量多品种生产：通常是为了满足市场上多样化的需求而进行的，一般在生产计划中约定交货日期。

5.大批量多品种生产：通常是为了满足大量订单的需求而进行的，一般在生产计划中约定交货日期。

第2章 订单式生产的交期管理规定

第4条 在接受客户订单之前，生产部人员需要与客户确认订单要求，包括交货日期、数量、品质等的要求，以便在订单中约定交货日期。

第5条 在确认客户订单后，生产计划人员需要制订生产计划，确定生产任务的完成时间，并按照生产计划安排生产。

第6条 生产部需要建立有效的生产过程监控机制，及时跟踪订单的进度，确保生产进程不出现延误情况。

第3章 批量式生产的交期管理规定

第7条 在批量生产开始前，生产计划人员应制订一份合理的生产计划，在其中明确生产各个阶段的时间节点，以及完成生产的最后期限。制订生产计划时，需要充分考虑生产设备、生产人员和原材料的供应情况等因素的影响。

第8条 在批量式生产中，部分产品可能需要几个生产阶段才能完成。为了确保生产进度的顺利推进，生产部可以设立阶段性交期，并在上一阶段完成后尽快进入下一阶段的生产。

第9条　在确定生产交期时，生产计划人员需要设定一定的容错期，以避免生产过程中出现不可预见的问题而导致交期延误。

第10条　为了确保交期的准时性，生产部应建立跟踪和监控机制，及时了解生产进度，并相应地调整生产计划，以帮助工厂应对异常情况，避免因为生产延误而影响产品的交付。

第11条　当生产进度出现异常，产品不能按时交付时，生产部应及时向客户沟通，说明情况，并协商确定新的交期，以保证客户的满意度。

第4章　临时紧急生产的交期管理规定

第12条　临时紧急生产通常是在突发情况下进行的，因此需要尽早开始生产。在确定了产品的生产计划和生产流程后，应尽快着手准备生产所需的设备、人员和原材料等，以确保尽快开始生产。

第13条　由于临时紧急生产的交期紧迫，生产部需要尽量缩短生产周期，可以采取工序并行、延长生产时间等措施，提高生产效率，尽可能缩短生产周期，按时交付产品。

第14条　在临时紧急生产中，可能需要调动更多的人力和物力进行协同生产。工厂可以调派其他部门的工作人员，或者租借外部工人，以确保生产进度的顺利进行。

第15条　在临时紧急生产中，生产部需要安排严密的管理措施，包括对生产进度、产品质量和工作安排等方面进行全面监控，并及时调整生产进度以确保产品能够如期交付。

第16条　如果在生产过程中出现问题，生产部需要主动与客户沟通，说明情况，并协商解决方案。如果需要调整交期，应事先征得客户同意。

第5章　小批量多品种生产的交期管理规定

第17条　在小批量多品种生产中，生产计划人员需要制订一份合理的生产计划，并根据产品的生产周期和产量，预留出足够的时间，以确保产品能在最短的时间交付。

第18条　在小批量多品种生产中，可以采用批量生产的方式，即将同一产品的生产合并为一批次，以提高生产效率、降低生产成本。生产部可以根据不同产品的需求进行分类，将不同品种的产品合并物理制造过程，以简化生产过程，使生产过程更加高效。

第19条　由于生产多品种产品容易导致交期延误，生产部可以采取建立优先级的方式，根据客户的要求，将订单按照优先级分类，提高高优先级订单的生产效率，保证产品按时交付。

第20条　为了更好地协调小批量多品种产品的生产过程，生产部可以制定标准化管理规定，及时更新生产进度，及时和客户沟通，调整生产计划，确保产品能够及时交付，从而确保生产进度的准确性。

第21条　工厂需要建立良好的客户反馈机制，及时了解客户的需求和反馈，并对客户的要求进行分析，确保生产的准确性。

第6章　大批量多品种生产的交期管理规定

第22条　在大批量多品种生产中，需要制订一份明确的生产计划，并根据生产工艺、生产设备和生产人员等因素，合理布局各个生产阶段的时间节点和产量。

第23条　大批量多品种生产可以采用流水线生产方式进行，通过将生产过程分解为多个环节，并在每个环节专注于对特定任务进行处理，从而提高生产效率，同时精细化的工艺流程也更容易把控产品质量，使工厂能将高品质的产品交付客户。

第24条　在大批量多品种生产中，由于生产量较大，在生产过程中会遇到一些问题导致生产延误，因此需要合理安排备件库存，以防止因备件短缺导致生产延误。

第25条　在大批量多品种生产中，需要建立便捷的沟通和协作方式，如成立生产指挥部，加强各生产线之间的协调和沟通，及时采取有效措施，以应对潜在的延误和突发事件。

第26条　在大批量多品种生产中，供应链管理尤为重要。工厂需要合理安排原材料和零部件的库存，定期与供应商进行沟通，确保原材料和零件供货准时，同时要注意选择合适的供应商，以确保供应链的稳定性，避免因供应链问题而导致交期延误或产生其他问题。

第7章　附则

第27条　本规定由生产部负责编制、解释与修订。

第28条　本规定自××××年××月××日起生效。

7.3.2　生产交期应急管理预案

在现代工厂的生产运营中，一个完善的生产交期应急管理预案是非常重要的。生产交期应急管理预案可以规范生产交期延误时的应急管理措施，以最大限度地降低生产交期延误带来的损失。

生产交期应急管理预案

一、目标

1.确保交期的完成率：使工厂在紧急情况下能够合理规划和组织生产计划，进一步确保订单交期的完成率。

2.提高应急处理效率：规范应急处理的流程，能够及时有效地应对突发事件。

3.改善客户关系：在交期出现异常情况时做出及时的回应，提高客户的满意度。

4.有效规划资源：有效规划和管理资源，在紧急情况下能够合理分配生产资源，避免资源浪费。

二、预案的指导思想

依托科学、有效的管理手段，采用预防为主、应急处置相结合的方针，确保工厂生产交期顺利进行。

三、应急预案的组织

（一）应急队伍的组建

应急队伍由领导班子成员、生产管理人员、财务管理人员等组成。

（二）应急队伍的职责

在生产交期延误的情况下，迅速、有序地采取应急措施，及时解决问题，确保交期不受影响。

（三）应急演练

应急队伍定期开展应急演练，提升应急队伍的应急能力，确保应急预案的可行性和有效性。

四、应急预案的实施方法

（一）应急反应机制

针对交期延误的应急情况，应急指挥部应制定应急反应措施，以确保交期的准时完成，包括对工艺进行改进、调整加班制度、调剂人力、协调供应商等。

（二）应急物资管理

生产部应建立应急物资管理机制，在生产交期延误的应急情况下，及时保障应急所需的物资和设备的供应，为应急工作提供保障。

1.应急物资储备。根据生产特点、设备运行情况和物资使用率建立应急物资储备库，包括生产必需品、劳保用品、医药急救用品、针对特殊情况下的应急物资等。

2.应急物资监测。建立应急物资监测机制，定期检查应急物资的库存量和有效期，及时补充、更新等。

3.应急物资使用管理。定期开展应急物资的使用演练，进行应急物资的实际操作和使用测试，保证使用效果的可靠性。

（三）应急事故处理

在生产交期延误的应急情况下，生产部应按照相关法律法规，及时处理交期延误带来的各项应急事故，保证生产安全和员工人身安全。

1.应急指挥人员必须头脑冷静，处理事情要坚决果断，立即组织员工展开营救工作。

2.应急指挥人员要本着"先救援、后汇报"的原则，首先组织在现场的员工实施救援工作，待控制局面后，立即向工厂领导汇报。

3.一旦出现现场局势无法控制，同时又与工厂领导联系不上的情况，应急总指挥有权处置各种突发事态。

4.一旦发生事故，所有现场员工都应积极、主动地在应急总指挥的领导下，参与救援工作，绝不能遇事退缩或拒不服从领导指挥。一旦此类事件出现，工厂必将追究责任，并予以严肃处理。

（四）应急信息管理

生产部应建立应急信息管理系统，对生产交期延误应急情况的信息进行及时收集、传递和汇总，确保信息的可靠性和安全性。

五、应急预案的执行与检验

（一）应急演练和实战应用

应急指挥部需要每年定期开展生产交期延误应急演练，并且在实际应急情况下及时实施并测试应急预案，确保应急预案的可行性和有效性。

（二）应急预案的修订

生产部应当定期修订应急预案，以确保其与时俱进，与工厂实际情况相适应，从而提高应急预案的可靠性和有效性。

7.3.3　交期延误处理办法

交期是客户最为关注的问题之一，交期延误会导致客户流失，影响工厂的形象。交期延误处理办法可以帮助工厂规范交期延误处理要求，明确交期延误处理措施，降低交期延误给工厂带来的影响。

交期延误处理办法
第1章　总则

第1条　目的

为了规范工厂交期管理，规定出现交期延误时的处理原则，确保生产进度、产品质量和客户满意度，特制定本办法。

第2条　适用范围

本办法适用于工厂生产过程中遇到交期延误情况时的处理工作。

第3条　处理原则

在处理交期延误情况时，应首先考虑客户利益和产品质量，要保护工厂和客户的双重利益，同时，也要尽力避免交期延误带来的损失，在此基础上制定合理的交期延误处理办法。

第2章　交期延误的原因分析

第4条　常规延误

生产过程中不可避免的因素导致生产交期产生了一定程度的推迟。

1.运输不畅、天气条件恶劣等不可抗因素。

2.政策和法规限制等。

第5条　非常规延误

生产过程中出现了非预期的情况，导致生产交期产生了一定程度的延误。

1.紧急订单增多。紧急订单增多，交期缩短，引起生产准备不足，生产计划制订不周全，仓促投产，继而导致生产过程混乱，引发交期延误。

2.产品技术性变更频繁。产品设计、工艺变更频繁，会导致生产人员对更新后的生产流程不够熟悉，引发交期延误。

3.物料计划不良。物料供应不及时会导致生产现场停工待料，引发交期延误。

4.生产品质控制失当。产品合格率低下，返工产品量大，从而影响交货数量。

5.设备维护欠佳。生产设备由于老化、操作不当等原因故障频发，引发交期延误。

6.生产排程失误。由于排程人员的疏忽，导致漏排或排程不合理，从而使生产效率低下或产品无法及时投产，引发交期延误。

7.产能不足。选择的外协厂商能力欠佳，导致交期延误。

第3章　交期延误的处理

第6条　及时与客户沟通

当出现交期延误时，要第一时间与客户取得联系，尽快告知客户产生延误的具体原因，并说明影响结果或可能的影响结果，尽可能避免让客户出现过度担心和猜疑的情况。

第7条　及时进行内部沟通

及时与内部各个部门或供应商取得联系，准确估计交期延迟的时间，协调采购、生产、物流等方面的各个环节，并立即制定出可行的方案，同时将方案告知客户。

第8条　主动建立沟通通道

在处理交期延误时，要主动与客户建立沟通渠道，及时回复客户的询问和疑虑，接受客户的建议和要求，维护好客户关系。

第9条　提出合适的解决方案

1.在与客户沟通时，要针对不同的客户提供相应的措施，以解决交期延误的问题，并在一定条件下尝试提供一些赔偿措施以处理交期延误问题。

2.生产人员要寻找解决交期延误的具体措施，并在后续的生产运营工作中进行整改，避免类似的问题再次发生。

第10条　做好同期信息的沟通和记录

1.在处理交期延误的过程中要做好沟通记录的管理，即沟通的时间、方式、人员、内容等都要有明确的记录，并在底部注明确认时间、确认人等。

2.在问题解决后还应及时通知相关部门，并做好后续的整改工作。

第4章　交期延误的补救

第11条　交期常规延误的补救

1.通知客户并说明原因。发现交期延误的情况，应及时通知客户并说明延迟原因。

2.调整生产计划。根据实际生产和运输的情况重新规划生产计划，将所有可调配资源合理安排，尽可能缩短交期延误时间。

第12条　交期非常规延误的补救

1.优先安排生产。工厂应该立即配合客户制订出优先安排生产任务的计划，并调整生产计划。在重新制订计划时，生产、采购和物流部门应紧密协作。

2.加班或扩大生产规模。工厂还可以通过加班、招工增员或调动内部人员等手段来扩大生产规模，并加快生产速度，以尽可能减少交期的延误时间。

3.快速调配物资。若因材料短缺、配件库存不足等因素影响了生产进度，工厂应当及时调配资源解决延误问题，开展紧急物资采购。

4.更换供应商。如果交期延误与物料或部件短缺有关，工厂应该及时采取更换供应商或转移生产基地的措施，以保证原材料和部件供应的及时性。

第5章　交期延误的后续处理

第13条　检讨工艺流程

在处理交期延误时，工厂应彻底检讨工艺流程，寻找提高生产效率的方法。如果存在瓶颈或难题，工厂应积极寻找新技术或创新工艺来解决问题。

第14条　培训和提醒

由于员工职责分工不明确或工作不熟悉导致交期延误，工厂应提供培训来帮助员工了解更明确的工作要求。

第15条　责任追究

在明确生产交期延误的具体责任人后，要对责任人进行处罚，视情节轻重进行警告、停职、免职等惩罚措施，情节特别严重且涉嫌违法的可向法院提起诉讼。

第6章　附则

第16条　编制单位

本办法由生产部负责编制、解释与修订。

第17条　生效日期

本办法自××××年××月××日起生效。

7.4　生产看板管理

7.4.1　设备运行看板管理办法

设备运行看板管理办法能够帮助工厂管理人员完成对生产设备的有效监控，通过查看设备看板的各项指标，工厂能够了解生产设备的运行情况和整体生产状态。设备运行看板管理办法明确了设备看板的管理内容及优化与维护方法，是工厂设备管理的重要工具。

设备运行看板管理办法
第1章　总则

第1条　目的

为了规范工厂设备运行看板的管理和使用，确保设备的稳定运行，提高设备的生产效率，特制定本办法。

第2条　适用范围

本办法适用于工厂所有设备的运行看板管理。

第2章　设备运行看板的管理职责

第3条　看板管理员

负责设备运行看板的日常管理和维护工作，包括看板信息的收集汇总、排版和更新。同时，及时掌握设备的运行情况，对其进行监督和管理。

第4条　设备管理员

负责设备的日常管理和维护工作，对设备的故障、预防维护、保养等工作进行监督和管理，保证设备的正常运行。

第5条　质量管理人员

负责制定和执行质量管理体系，对设备运行看板信息进行检查，确保看板上的信息真实可靠。

第3章　设备运行看板的内容与制作

第6条·设备运行看板的内容

1.运行状态板块。该板块主要展示设备的运行状态、生产情况、结存情况等。

2.计划运行板块。该板块主要展示计划生产情况、设备调整计划、设备维修计划等。

3.维修保养板块。该板块主要展示设备维修记录、保养记录、维修人员记录等。

4.安全分析板块。该板块主要展示设备安全统计情况、安全隐患处理情况、安全监控记录等内容。

第7条　设备运行看板的制作

1.设备运行看板的制作需在设备安装和调试之后进行，要求制作规范、内容清晰。

2.在设备运行看板上，要设置指标化的运行状态监控报告，实时维护设备的运行数据信息，及时发现潜在的故障，为设备修复和升级改造提供反馈信息。

第8条　设备运行看板的布置

设备运行看板应安装在设备旁边的显著位置上，方便相关工作人员查看，还可根据需要安装在现场管理中心、车间等主要场所。

第4章　设备运行看板的使用与维护

第9条　设备运行看板的使用

1.操作人员应当定期检查看板内容，确保看板始终保持清晰状态，并及时更新设备运行状态、维修记录和保养计划等信息。

2.不得私自修改或删除任何看板信息，如需更新或更改，则应及时向设备维护人员反馈，经允许后再进行处理。

3.看板应在设备运行期间始终开启，当设备故障或停机时，应及时更新看板信息并进行适当标记。

4.设备管理人员应定期对看板内容进行审核，及时发现看板存在的问题，并提出建议和改善措施。当发现看板中的信息与实际情况不符时，应及时更正。

第10条　设备运行看板的维护

1.看板必须在硬件、软件上都进行定期维护，并根据操作情况及时维护报警功能。

2.定期清理看板上的污渍，使看板保持文字、图案和数字清晰可辨。

第5章　设备运行看板的分析和优化

第11条　设备运行看板的分析

1.通过对设备运行看板进行分析，能够了解设备的运行情况和瓶颈制约因素，并及时采取措施或改进方法，提高设备运行效率和生产效率。分析设备运行看板时主要进行以下分析。

（1）工作状态分析。对设备工作状态进行分析，了解设备的运行情况，判断设备是否正常运转。此外，通过设备停机时间、维修时间等信息，分析停机率和各类故障的发生率，优化工序流程。

（2）故障分析。对设备的故障情况进行分析，找出故障的原因及规律，改善设备运行状态，减少故障率。同时对故障影响进行量化，评估设备的可靠度和维修效率，优化设备运行效率。

（3）维修分析。记录设备的维修时间、维修费用等，通过对维修记录的数据进行分析，确定每台设备的维修状况，制订出准确的维修计划，降低设备停机时间，提高生产效率。

（4）安全管理分析。对设备安全状况进行分析，查找潜在的安全隐患，制定安全规定和标准，落实安全措施，保证生产过程安全。

（5）成本分析。对设备运行的成本、效率等方面进行分析，优化设备运行流程，提高生产效率，降低运营成本。

2.及时跟踪看板的效果评估，评估工厂效益和依据，掌握看板在运用过程中的性能表现。

第12条　设备运行看板的改进和优化

1.强化设备故障分析。深入分析设备故障问题，找出设备故障背后的原因和规律，制定改善措施，以避免故障的再次发生。

2.添加预警机制。添加预警机制，及时提醒产线运行情况。

3.提高数据分析能力。进一步提高设备运行看板的分析能力，分析各类数据的变化趋势，帮助相关人员做出正确决策。

4.数据可视化。实现数据化运作，增加设备监测仪器，提高监测数据的准确性。

第6章　附则

第13条　编制单位

本办法由生产部负责编制、解释与修订。

第14条　生效日期

本办法自××××年××月××日起生效。

7.4.2　生产制造看板管理办法

生产制造看板管理办法能够帮助工厂实现生产过程的可视化、标准化和协调化，从而提高生产效率，降低运营成本。

生产制造看板管理办法
第1章　总则

第1条　目的

为了规范生产制造看板的管理工作，促进生产制造的数字化管理，提高生产效率和产品质量，特制定本办法。

第2条　适用范围

本办法适用于各类型生产车间、生产线、生产单元等生产场景的看板管理。

第3条　管理要求

1.统一管理。为了保证生产制造看板的使用效果，各部门需要在系统统一平台中进行配置和制作，统一由信息中心管理。

2.实时更新。生产制造看板需要实现数据的实时更新，并确保信息的准确性，避免误导决策。

3.显示效果。生产制造看板应当达到良好的显示效果，包括清晰度、颜色、字体大小等，以便操作人员和管理人员较好地识别和了解信息。

4.保护机制。生产制造看板应当具备防止非授权人员对其进行修改、删除的保护措施，保证数据的完整性和可靠性。

第2章　生产制造看板使用职责

第4条　生产人员

负责根据每日生产计划安排跟进生产状况和收集、总结当班时间内作业现场生产的各产品、各工序的生产数据（良品、调模品、报废品、待处理品），填写作业现场的生产制造看板和作业日报表。

第5条　车间组长

负责生产制造看板的日常维护和确认、审核作业日报表，并对有差异的数据进行调查与反馈，以保证及时向计划调度员提供准确、有效的生产数据。

第6条　计划调度员

负责依据各车间的作业日报表，填写生产制造看板中各款产品各工序每日的生产完成状况。

第7条　生产主管

负责周生产计划执行状况的全面跟进和生产制造看板中所有记录的完整性、真实性、准确性的稽查、统筹与督导。

第3章　生产制造看板的内容与制作

第8条　生产制造看板的内容

1.生产进度板块。该板块展示订单数量、生产数量、完成情况、订单状态等信息。

2.质量控制板块。该板块展示产品的质量参数、抽样检验数据等信息。

3.物料投放板块。该板块展示生产线上需要的原材料或配件信息，以及物料投放的数量、时间等相关数据。

4.能耗管理板块。该板块展示生产设备的能耗数据。

5.安全卫生板块。该板块展示安全标准、安全规程、安全操作手册等相关信息。

第9条　生产制造看板的制作

1.看板的信息应明确易懂，内容清晰明了，以便生产人员能够快速确定生产进度。

2.制作看板时应采用高质量的制作材质，以提高看板的耐用性和使用寿命。

3.生产制造看板的尺寸和形状应当符合生产现场的使用条件，以便能够安装在生产线的合适位置，且不影响生产人员的生产操作。

4.生产制造看板制作应该标准化，避免不必要的误差，提高生产管理的效率和精度。

第4章　生产制造看板使用规定

第10条　填写生产计划

生产计划人员应在每天规定时间填写当天的生产计划于看板中，所填写的内容需要真实反映当天的计划生产量和所需工时，以及用工人数。

第11条　生产进度跟踪

生产进度人员应每两小时对生产状况进行追踪统计填写，如实将生产数量及生产异常情况分别填于对应的看板模块中，并标明异常情况发生的时间和所耗费的工时，做好记录，上报部门主管。

第12条　数量、质量抽查

应不定时对生产数量与质量进行抽查，以考核统计人员所统计数量的准确性及异常状况发生的真实原因，并督导改善。

第13条　进度汇总

生产进度人员应在每日规定时间填写当月订单生产进度汇总表，并能如实反映当月每张订单的产品型号和客户名称，以及每张订单生产完成数量和累计工时。

第14条　生产制造看板更新

生产制造看板需根据生产情况和业务需求进行周期性更新，由相关管理人员进行调整和更新。

第5章　附则

第15条　编制单位

本办法由生产部负责编制、解释与修订。

第16条　生效日期

本办法自××××年××月××日起生效。

7.4.3　工序看板管理办法

工序看板是生产调度的重要信息来源，工序看板管理办法规范了工序看板的管理要求，能够推动工厂生产过程的规范化、信息化和高效化。

工序看板管理办法

第1章　总则

第1条　为了规范工厂生产现场的工序看板管理，提高生产效率、提升生产现场管理水平，提升工厂的核心竞争力，特制定本办法。

第2条　本办法适用于所有工序看板管理的相关人员。

第2章　工序看板的内容

第3条　工序名称。列出当前工序的名称，以明确工序的区别和如何控制工序流程。

第4条　任务状态。标示当前工序的任务状态，包括进行中、已完成等状态，以便快速掌握工序任务进度。

第5条　生产数量。记录当前工序已加工完成的合格产品数量，以便制订生产计划和进行生产调度。

第6条　次品数量。记录当前工序生产的不合格品数量，并与生产数量进行比对，以便及时发现和解决问题。

第7条　生产速度。生产速度指单个工序完成所需要的时间。

第8条　质量状态。记录当前工序加工的产品质量状态，包括首检情况和每次检验的图像、缺陷、重量，以便及时发现和解决问题。

第9条　工艺状态。以图片和文字的形式说明当前工艺的状态和实施方法。

第3章　工序看板管理要求

第10条　工序看板应放在生产工序区域，必须对其进行编号和分类，以便进行快速定位和管理。

第11条　工序执行人员要及时更新看板信息，包括工序名称、工序编号、计划生产数量、已完成数量、剩余数量、生产时间等。

第12条　采用不同的颜色标识，蓝色代表在制品，绿色代表已完成生产产品，黄色代表需要进行的采购操作。

第13条　将工艺路线的关键节点通过看板的方式展示出来，直观地看到待处理的问题与事项，以及工艺的具体情况，达到全员参与、共同决策的效果。

第14条　通过工序看板，实时监控生产节奏，及时发现问题并进行处理，保证生产进度的及时完成，降低时间浪费。

第4章　工序看板管理实践

第15条　看板汇报会议。为了提高工序看板管理效率，可以通过看板汇报会议进行生产调度。汇报会议上的参与人员，以看板信息为依据，讨论生产进度、诊断生产问题、制定解决方案等。

第16条　生产交接班制度。生产交接班制度有利于全员参与生产管理。生产人员交接时，通过工序看板共同了解生产情况，并将问题及时反馈给下一班人员，制定下一步操作方案。

第17条　工序看板数据更新。为了确保工序看板上的信息准确可靠，需要对其进行实时更新。特别是对于生产进度和质量数据等关键信息的更新，每当有新的数据生成时，都应及时更新到工序看板上。

第18条　工序看板维护。为了保证工序看板能够长期有效地发挥作用，需要对其进行定期维护，包括定期检查看板是否完好无损、及时更换不合适的看板和更新工艺流程等。

第5章　附则

**第19条　**本办法由生产部负责编制、解释与修订。

**第20条　**本办法自××××年××月××日起生效。

7.5　生产进度控制管理精益化

7.5.1　生产外协外包进度控制管理办法

工厂应根据自身实际情况制定生产外协外包进度控制管理办法，跟踪外协外包商的生产进度，降低交期延误风险，提升生产协同效益，加强长期共赢的合作关系。

生产外协外包进度控制管理办法

第1章　总则

第1条　目的

为了规范工厂在外协外包过程中的进度控制管理，确保外协外包的生产任务可以按时完成，提高工厂效益和客户满意度，特制定本办法。

第2条　适用范围

本办法适用于工厂外协外包生产的进度控制工作。

第3条　相关定义

1.本办法所称生产外协是指由本工厂提供生产原材料，由指定的外协加工厂进行代工。

2.本办法所称生产外包是指由指定的外包工厂进行生产原材料采购与加工。

第2章　生产外协进度控制

第4条　外协生产协议

1.外协生产协议由生产部负责制定，重要的加工协议须安排各部门共同审议。

2.外协生产协议中应包括下列必要内容。

（1）委托生产内容。

（2）双方认可的质量验收标准。

（3）交货日期、交货方式、结算方式。

（4）双方权利与义务，以及相互沟通的渠道。

第5条　订单下达与生产计划

1.外协订单由生产部统一下达，订单中必须明确外协生产的产品型号、原材料到位时间及对应的生产交货时间。

2.外协厂商在收到订单后，须在24小时内制订生产计划反馈给工厂，由生产部主管负责跟进。

第6条　外协原材料管理

1.外协生产的原材料采用供应商直发的方式。

2.外协厂商在收到原材料后，有责任对原材料进行质量检验，同时在供应商的送料单上签字确认并及时将底单传送给工厂。

3.根据双方签订的协议，外协厂商有义务协助工厂管理所提供的物料，同时提供相对独立的空间保存工厂物料，以保障物料安全、完好。

第7条　生产现场管理

1.生产部不直接参与外协厂商的生产现场管理，外协厂商根据事先约定，每日整理生产现场相关数据给工厂生产部。

2.外协厂商每日提供的数据包括以下内容。

（1）生产日报（含投入产出、一次直通率）。

（2）不良品维修报表（要求不良现象描述具体，维修记录明确）。

（3）关键岗位质量检验记录（记录10组抽检测试数据用于分析）。

（4）生产异常情况报表（含分析）。

3.生产部在收到数据后1日内完成数据分析，并提出是否需要改进的判定及改进的要求。

第8条　质量管理

1.派驻驻厂检验员负责产成品的质量抽检验收工作，检验合格的出具检验合格单并允许接收发货；不合格的出具不合格单，要求工厂按要求进行返工，重新送检。

2.生产过程中的质量管理与检验，本工厂不参与，由外协厂商汇总整理当日的生产检验过程记录，于次日上午10点前提供给工厂驻厂管理处，用于质量分析与监控。

3.驻厂人员负责外协厂商生产现场的工艺过程监控，外协厂商必须严格按照双方确认的工艺流程图及作业指导书来操作、装配、检测生产的产品，不得在未经工厂生产技术许可的情况下变更操作规程。

第9条　成品入库与发货

1.本工厂抽检合格的产成品，由生产部通知物流人员到工厂提货或委托外协厂商送货到本工厂仓库。

2.货物到仓后，通知生产部，由生产部对应人员开具产品的组装单，审批完成后，仓库执行收货。

第3章　生产外包进度控制

第10条　外包计划

1.按照市场需求，合理安排外包计划，确定外包目标。

2.外包计划的制订应考虑外包的承接能力、生产经验、生产资质等因素。

第11条　外包商选择和评估

1.选择具备生产经验和品质管控能力的外包商，制定明确的评估体系，评估外包商的生产设备、人员和材料等方面的实力和经验。

2.外包商应具备相应的质量管理认证书，确保外包产品的生产质量。

第12条　外包产品进度管理

1.建立外包进度管理系统，对生产计划、生产进度、在制品库存、物流配送情况等进行可视化的管理和分析。

2.编制生产进度监测卡，标注生产进度达成情况，并对异常情况进行分析、通报和处理。

3.建立生产进度平衡方案，持续追踪外包商的生产进度和质量水平。

第13条　外包产品质量管理

1.与外包商共同建立严格的品质管控制度，确保外包产品质量的稳定性。

2.外包产品在生产过程中应设有质量检测环节，对出厂产品进行检测，保证质量符合要求。

3.建立生产后续质量跟踪系统，监测外包生产产品的品质和售后服务质量，及时反馈质量不良情况，提高后续质量服务水平。

第4章　驻厂管理

第14条　外协驻厂

1.外协驻厂人员必须严格履行职责，如实记录真实的生产情况。

2.工厂需要与外协厂商约定外协驻厂人员的工作时间、流程、标准和绩效等事项，以保证其按照工厂的要求完成工作任务。

3.建立完善的安全管理体系，对外协驻厂人员的工作和生活提供必要的安全保障。当外协驻厂人员出现意外伤害和事故时，外协厂商应承担相应的赔偿责任。

第15条　外包驻厂

1.工厂需要向外包驻厂人员明确知识产权和商业秘密保护的规定，外包驻厂人员需要对工厂的商业秘密和知识产权保密。

2.外包驻厂人员必须每天提交报告，反映工作进展和存在的问题等。

3.外包驻厂人员中的任何人不得以任何借口向供应商索要或收受货物或资金，否则工厂将以相关的制度及法律法规从严处理。

第5章　附则

第16条　编制单位

本办法由生产部负责编制、解释与修订。

第17条　生效日期

本办法自××××年××月××日起生效。

7.5.2　原材料采购进度控制管理办法

原材料采购进度控制管理办法可以加强工厂对原材料采购的进度控制和监督管理工作，推动采购流程合理化、制度化和信息化。

原材料采购进度控制管理办法
第1章　总则

第1条　目的

为了控制工厂原材料采购的进度，为按时完成生产任务提供有力保障，提高原材料采购的效率和质量，降低工厂采购进度风险，特制定本办法。

第2条　适用范围

本办法适用于工厂对原材料正常采购、紧急采购与临时采购工作的进度控制管理。

第2章　正常采购进度控制

第3条　招标进度控制

1.按照计划时间招标。对每个招标项目制订详细的计划并根据实际情况调整，包括公告发布时间、投标时间、开标时间等，以便更好地进行全面、顺利的招标。

2.确保招标内容正确，以免耽误时间。在制订招标计划之前，需要明确招标项目的采购内容、数量、质量标准、品牌要求、交货期限等，以便更好地确定招标范围和投标条件。

3.招标公告及时发布，内容明确。根据招标计划，及时发布招标公告以便供应商了解招标信息。招标公告需要详细说明招标项目的采购内容、条件、投标要求、投标截止时间等。

第4条　订货进度控制

1.及时采购，不耽误生产。采购人员根据生产计划，确定需要采购的原材料，并核对供应商资质、价格、供货时间等信息，以确保生产计划的有效执行。

2.采购人员应及时与供应商签订采购合同，并在合同上规定交期、品质标准等内容，确保交期和产品品质，有效保证生产的顺利进行。

第5条　交期控制

1.在与供应商签订采购合同时，明确订单的交货时间，并注意合同的交货条款和相关的责任承担方式。

2.建立交期监控机制，对各采购订单的交货时间进行实时监控，并及时处理滞后交期的采购订单。

第6条　运输时间控制

1.根据采购物资的重量、体积、运输距离及紧急程度等要素，选择公路、铁路、航空、海运等适合的方式进行运输，以确保采购物资能够准时、准确地到达目的地。

2.在物资运输过程中，应严格控制物流环节，选择信誉良好的物流服务提供商，并且在货物运输过程中，需要对物资运输情况和目标地点进行监控或跟踪，及时掌握物流动态和异常情况，避免出现物资损失或丢失等情况。

第7条　品质控制

1.建立原材料采购质量管理机制，对原材料进行抽检，保证其符合生产要求，避免不合格品对生产造成影响。

2.建立原材料采购质量反馈机制，及时反馈供应商原材料质量问题，并要求对方及时改进。

第8条　采购进度跟踪

1.建立原材料进度跟踪机制，及时掌握原材料订单的执行进度和供货情况。

2.建立原材料库存管理制度，确保库存和采购量的平衡，避免过高的库存带来的资金占用和成本浪费。

第3章 紧急采购进度控制

第9条　紧急采购预案制定

事先制定好紧急采购预案，在必要时随时启动。紧急采购预案应包括采购流程、汇报途径、进度的跟踪和分析、人员配备、操作流程、采购标准等。

第10条　紧急采购招标

为压缩"招投标时间"，一般可采用以下方式。

1.采用"邀请招标"形式，较"公开招标"缩短时间，程序相对简单。

2.采用"资格后审"方式，可省去资格预审时间，但加大了竞争性，增加了评标工作量。

3.采用招标以外的其他"采购"方式。能否采用"招标"以外的其他方式，受国家相关法律法规约束。如是法定招标的范围，则必须招标，招标以外的其他"采购"方式，一般有以下几种。

（1）快速询价。通过电话等方式快速向多家供应商进行询价。在询价时，应当明确采购时间和数量，并特别强调紧急性，要求供应商提供最快交货期。

（2）现场采购。进入市场，直到店铺或现场听取供应商的报价，现场采购可以及时得到物料、耗材等。

（3）第三方采购。与专业的采购工厂或个人合作，利用其关系网络资源，快速完成采购任务，节省采购时间和成本。

第11条　紧急采购交货规定

1.可以与供应商协商要求提前交付，但需要提供充足的理由，如生产计划的急需等原因，并承担因提前交货带来的额外成本。

2.可以对供应商提供的货物进行快速验收，并严格按照协议要求支付货款，以便尽快保障供应链的稳定和普遍利益。

3.取消冗余的文件审核和多余的表格，采用紧凑简洁的合同格式，以尽可能地缩短交货时间，并避免为签署技术细节而延误。

第12条　紧急采购运输控制

为了加快物料交付速度，可以与供应商商定灵活的交货方式，如要求供应商采用空运、快递等快速的交货方式。

第13条　与供应商建立联系通道

及时了解供应商的产能和交货期，以便准确制订采购计划。与供应商建立密切的联系还可以降低采购风险，并且可以及时处理任何采购过程中遇到的问题。

第14条　紧急采购进度监控

紧急采购过程启动后，应密切监控采购进度，及时跟踪采购的每一个环节，确保整个采购过程畅通且高效，以保证紧急物资或原料的及时供应。

第4章　临时采购进度控制

第15条　临时零星采购进度控制

1.核实采购信息。对临时提交的采购申请单，进行信息确认和准确性核实，以免误采耽误生产时间。

2.采购部经理负责审核与批准临时采购申请单。

3.采购交付。一旦确认了供应商和采购方之间的需求和安排，及时处理和确认采购交付，并做好相关记录。

4.临时零星采购必须合规，采购的金额应当在规定范围内，未经批准不得超过规定金额。

第16条　临时批量采购

1.制订采购计划，明确临时批量采购需求、采购数量和采购时间等关键信息。

2.发布招标文件，邀请供应商进行投标，确保所有潜在的供应商都能够参与采购，充分竞争。

3.对投标的供应商进行评估，评估其能力和经验，并选择优质供应商进行采购。

4.与供应商签订合同，明确价格、数量、交货期限和质量标准等要求，确保采购进度和质量。

5.与供应商保持良好的沟通和协调，及时了解供应商的生产进度，保持物资供应的连贯性，并积极应对供应中的风险和问题，保证采购交付按计划进行。

第5章　附则

第17条　编制单位

本办法由生产部负责编制、解释与修订。

第18条　生效日期

本办法自××××年××月××日起生效。

08

第 8 章

生产计划与信息化管理

8.1　高级计划与排程（APS）

8.1.1　APS操作管理规范

APS系统可帮助工厂实现生产控制的有效化、生产排程的自动化、生产管控的信息化、生产计划的精益化。为了能够真正实现有效的生产计划和排程，需要制定相应的操作管理规范，以控制生产环节出现的各种风险。

APS操作管理规范

第1章　总则

第1条　目的

为了保证APS操作的安全性与规范性，确保其操作流程合理、稳定、科学，特制定本规范。

第2条　适用范围

本规范适用于APS的操作管理工作。

第2章　APS操作管理

第3条　操作知识培训

1.生产部应对APS使用人员进行基础理论知识培训，主要对产能计划、库存管理、物料清单管理、工程管理等进行培训。

2.生产部应对APS使用人员进行操作知识培训，主要对APS的使用方法、常见故障及排除方法等进行培训。

第4条　制定安全规程

1.生产部通过明确的安全策略和角色定义来限制用户的访问权限，以确保只有经过授权的用户才能访问敏感数据和关键流程。

2.对APS存储数据进行备份，并将其保存在安全的地方，以便在需要时，可以及时获取备份数据。

3.为了确保APS操作的安全性，应该对工厂所有的APS账户进行管理，对于失效账户应该及时注销。

第5条　安全检查维护

生产部应组织人员定期对APS进行检查与维护，确保设备状态良好，稳定运行。

第6条　操作材料准备

1.APS使用人员在正式工作前，应准备所需材料，并由专人核查、确认后方可使用。

2.若APS使用人员需要使用特殊材料，应制定专门的操作流程和安全措施，确保操作安全与合规。

第7条　确认调度算法

1.APS操作有很多不同的调度算法，需要选择和应用适合工厂自身的算法，以便有效优化生产流程。

2.APS使用人员可将不同的算法方式结合起来，协同应用，为生产计划服务。

第3章　APS数据管理

第8条　APS数据获取

1.APS使用人员应选择合适的数据源，确认数据信息来源的合法性、完整性、真实性和有效性。

2.APS使用人员应选择可靠的数据采集设备，推行自动化数据获取，并进行数据采集过程记录。

3.APS使用人员应采用适当的方式对数据进行存储，防止数据遗失或损坏。

4.若APS使用人员遇到数据源发生变化的情况时，应及时处理，以确保数据获取的稳定性、及时性和合规性。

第9条　APS数据处理

1.APS使用人员应根据数据特性和处理需求对数据进行分类，以便进一步地处理和应用。

2.APS使用人员在数据处理过程中应进行数据验证，以确保数据的准确性和可靠性。

3.APS使用人员应使用科学、全面的分析方法对数据进行分析。

4.APS使用人员在数据处理结束后，应进行数据存档，以保证数据的完整性与完全性。

第10条　APS数据录入

1.APS使用人员在记录和分析过程中需要对数据进行统一标记。

2.APS使用人员应养成规范的录入习惯，确保信息的准确性。

3.APS使用人员应确保记录精确，以便判断数据值的已知或未知质量。

第11条　APS数据修正

1.APS使用人员应建立数据修正程序，确保数据修正的准确性。

2.APS使用人员要保留所有数据修正记录，以便追溯其历史记录。

第4章　APS质量与安全管理

第12条　APS质量控制

1.在APS操作过程中，应建立完善的质量控制流程，确保产品质量满足要求。

2.若APS操作出现质量问题，APS使用人员应追溯问题根源，并及时采取纠正措施，防止类似问题再次出现。

3.在APS操作过程中，应建立并落实质量跟踪制度，对APS操作过程中的产品质量进行监控。

第13条　APS安全管理

1.所有APS使用人员都要接受必要的安全培训，并知晓危险源及事故应急处理措施。

2.生产部应制定完善的事故应急预案，确保在发生紧急情况时能够迅速有效地处理。

3.生产部应建立健全APS安全管理体系，对APS操作进行全面管理和监督。

第14条　APS质量与安全监督

在APS使用过程中，需要对下述内容进行监督。

1.在生产计划和排程中，可以用APS对成品的品质进行监督和管理，对每个生产过程和原材料进行品质控制。

2.在生产过程中，可用APS对环境进行监督，及时处理工艺废水、工业废渣、废气等污染物质，做到"绿色"生产，实现可持续发展。

3.在生产过程中，可用APS对生产线及生产工艺进行安全监管，以确保员工和设备的安全。

第5章　附则

第15条　编制单位

本规范由生产部负责编制、解释与修订。

第16条　生效日期

本规范自××××年××月××日起生效。

8.1.2　排程审核、检查、确定管理办法

工厂可以通过制定排程审核、检查、确定管理办法，规范排程审核、检查、确定的工作流程，提高生产计划排程的准确性，降低和规避排程风险。

排程审核、检查、确定管理办法

第1章　总则

第1条　目的

为了规范工厂排程管理流程，加强排程审核、检查、确定的管理力度，特制定本办法。

第2条　适用范围

本办法适用于排程审核、检查、确定的管理工作。

第2章　排程审核管理

第3条　排程审核人员

1.排程审核必须由专人或专业团队负责，审核人员应具备相关岗位的工作经验和专业知识。

2.排程审核人员主要对生产过程中的计划及排程方案进行审核，确保排程计划的准确性与合理性。

第4条　排程审核内容

1.排程审核人员需要对生产过程中出现的主要数据和信息进行记录，为审核过程提供支持。

2.排程审核人员应检查生产计划和排程计划的准确性，仔细核对计划与实际生产情况是否相符。

第5条　排程审核时间

排程审核应在生产计划制订、编制过程中执行，以确保生产计划的准确性、合理性和可行性。

第6条　排程审核要求

排程人员应考虑生产任务的时间性、排程操作的技术性等因素，以确保排程计划的合理性和可行性。

第7条　排程审核跟踪

发布排程计划后，排程审核人员应持续跟踪生产进展，并及时进行调整和优化，以确保生产计划的实现和生产效率的提高。

第8条　排程调整与优化

在确定好的生产排程方案中，如果发现有与生产实际情况不符的情况，需要进行相应的调整和优化，以确保生产过程的顺畅。

第3章　排程检查管理

第9条　检查计划要求

1.检查人员应当由专业的检查组成员组成，检查组成员需要严格按照检查流程和标准进行检查。

2.在检查过程中，应重视重点领域和关键环节的检查，同时综合分析和评估工厂的各项管理标准和实施情况。

第10条　检查实施要求

1.检查人员应选择合适的检查方法，以便有效地发现问题和隐患，同时应加强与专业人员的沟通，提高检查效率。

2.检查人员应遵守检查流程，严格按照检查计划和检查标准进行检查。在检查过程中，应当现场采集证据、记录等。

第11条　检查反馈要求

检查人员应编制完整、准确、清晰的检查报告，并及时向相关部门反馈并提供建议。

第12条　检查记录要求

1.在检查过程中，检查人员应当规范、完整地记录检查的各项内容和检查结果。

2.为了保证数据安全，检查人员应当制定数据备份方案，对涉及的数据进行备份。

第4章　排程确定管理

第13条　排程确定影响因素

排程结果的最终确定，需考虑以下因素。

1.生产能力。根据工厂自身的生产能力、设备状况、人员配备等，对生产任务进行安排，确保每个阶段都有足够的资源和时间来完成任务。

2.交付期限。为了确保产品按时交付，应在确定最终排程结果时，优先考虑那些紧急交货期限的订单。

3.系统稳定性。为了提高生产的稳定性和可靠性，排程结果应考虑过去生产中的经验教训，以增强排程稳定性。

4.容错率。在确定排程结果时，应考虑意外情况的发生，如特殊订单等，并尽量留有一定的缓冲时间和材料备货量，以便应对突发事件。

第14条　排程确定要求

1.各级排程的确认由相应的责任人完成，最终结果交由生产部经理确定。

2.在排程确定工作中，应当注意排程之间的关联性和先后性，确保排程的可操作性。

第15条　排程结果确定

生产部经理根据审核、检查后的结果，进行排程确定工作。

第5章　附则

第16条　编制单位

本办法由生产部负责编制、解释与修订。

第17条　生效日期

本办法自××××年××月××日起生效。

8.2　生产计划执行系统（MES）

8.2.1　MES操作管理规范

工厂应制定MES操作管理规范，以保证MES系统操作的准确性、高效性和可靠性，防止操作失误与漏洞，提高生产质量和效率，促进生产工作的高效运行。

MES操作管理规范
第1章　总则

第1条　目的

为了保证MES操作的安全性与规范性，确保其操作流程合理、稳定、科学，特制定本规范。

第2条　适用范围

本规范适用于MES的操作管理工作。

第2章　MES操作流程规范

第3条　MES系统登录

1.MES系统登录操作必须在工厂内部网络环境下进行，并对登录账号和密码保密。

2.登录MES系统前，必须核实登录人员的身份信息，包括姓名、工号等，并确保信息准确无误。

3.必须使用经授权的电脑终端登录MES系统，并遵守计算机操作规范，确保信息安全。

第4条　MES信息录入

1.生产信息的录入必须保证准确、完整、及时，生产数据必须在生产过程中实时录入。

2.录入的生产信息必须准确反映实际生产情况，如有误差，必须及时更正或说明原因。

3.一切生产信息的录入操作，必须按照MES系统界面提示的格式、方法、顺序进行，不得随意修改或删除。

第5条　MES操作记录

1.MES系统的操作记录必须保留至少3年，每次操作必须将操作人员、操作时间、具体操作内容等明细记录在案。

2.如有涉及操作异常或故障，必须记录在案并及时报告相关人员，以便及时处理。

第6条　MES报表输出

1.MES系统报表的输出必须保证准确无误，任何人不得随意修改、删除、篡改信息，必要时需进行电子签名。

2.报表输出必须按照规定的时间、频次进行，如有特殊情况需调整，必须得到相关人员的批准，并做好记录。

第7条　MES数据备份

1.MES系统数据备份必须经过正式备份程序，必要时需加密，并按照规定的时间频次进行备份，以确保数据安全可靠。

2.备份的MES系统数据必须保存到指定的备份服务器中，以保证备份数据的完整性和安全性。

第3章　MES数据管理规范

第8条　MES数据录入

系统录入的数据应真实准确、完整无缺。若发现数据有错误或不完整的情况，应及时联系MES系统管理员进行修正，以避免影响其他操作。

第9条　MES数据更改

任何人不能私自更改MES系统中的记录数据，操作人员只能在规定范围内进行修改、删除等操作，并按照授权层级和操作审批流程来进行。

第10条　MES数据备份

MES系统内所涉及的数据备份应设立相应备份方案。备份内容应包括工单信息、生产数据、参数配置等。

第4章　MES异常管理规范

第11条　异常记录

1.当出现任何异常情况时，操作员应立即停止操作并进行记录。

2.对于因误操作导致的异常情况，操作员应报告MES系统管理员，并在确认原因后进行相应处理。

3.对于因非误操作引起的异常情况，操作员应及时向生产部或设备管理部汇报，请求其协助解决问题。

4.在处理异常情况时，每个步骤的记录和处理结果都应被MES系统完整记录下来，以便日后参考。

第12条　MES风险控制

1.操作员在MES系统操作中发现的安全风险和生产安全隐患必须及时报告给生产部经理，并进行处理。

2.对于检查中发现的问题和问题产生的时间，必须及时记录并加以分析，以避免类似问题的再次出现。

第13条　MES应急预案

对于MES系统出现的异常，必须制定MES系统应急预案，明确各种异常情况的处理措施，以保障系统的安全和稳定。

第5章　附则

第14条　编制单位

本规范由生产部负责编制、解释与修订。

第15条　生效日期

本规范自××××年××月××日起生效。

8.2.2　MES信息反馈处理办法

工厂针对MES信息反馈制定相应的处理办法，可以保证生产过程中的问题得到及时处理，避免影响生产进度，推动工厂实现精益生产与精细化管理。

MES信息反馈处理办法
第1章　总则

第1条　目的

为了规范MES信息反馈的处理流程，保障信息反馈的准确性和时效性，提高MES系统使用效率和反馈质量，特制定本办法。

第2条　适用范围

本办法适用于MES的信息反馈处理工作。

第3条　MES信息反馈类型

1.生产计划信息

包括产品种类、数量、生产周期等。

2.生产进度信息

包括生产任务的完成情况、进度状况及相关数据。

3.质量数据及其分析信息

包括产品外观、物理性能、功能及批次质量等方面的数据。

4.设备状态及维护信息

包括设备使用时间、工作时间及预警信息等。

第2章 生产计划信息反馈处理

第4条 及时响应

对于生产计划执行过程中出现的问题，需要迅速反应并及时修正，防止问题扩大。

第5条 确认问题原因

在处理反馈信息时，需要根据情况确认问题发生的原因，以便解决问题。

第6条 制定解决方案

根据问题的原因制定解决方案，针对不同问题，制定不同的解决方案。

第7条 明确问题解决期限

对于问题的处理，需要确定具体的时间，明确问题的解决期限和处理进度要求。

第8条 做好记录与总结

做好问题的处理记录，进行反思总结，以便在今后的生产计划执行过程中避免类似问题的出现，提高生产计划执行的质量和效率。

第3章 生产进度信息反馈处理

第9条 分析生产进度信息

根据MES反馈的生产进度信息及实际情况，对生产进度进行分析，确定当前瓶颈，查找计划偏差出现的原因，及时对分析结果做出响应，实施相关改进措施。

第10条 进行生产进度梳理

对于生产进度缓慢的瓶颈，根据分析结果迅速对生产进度瓶颈进行梳理，确定需要进行调整的制度，并针对问题制订切实可行的改进计划。

第11条 整合生产进度数据

将分析好的进度数据进行整合，进一步优化生产计划，根据实际生产需要进行生产调度。

第12条 进行生产进度后续改进

通过对MES数据的分析，优化生产计划和流程，协助生产线更系统、高效、准确地生产，同时通过不断地反馈，建立闭环制度，进一步优化生产进度信息的处理。

第4章 质量数据及其分析信息反馈处理

第13条 分析质量数据

使用统计方法、质量分析工具，如SPC图、Pareto图、直方图等，对数据进行分析对比，形成分析结果，分析结果一般分为数量数据分析、时间序列数据分析和图表分析等。

第14条 对比分析结果

对分析结果与产品质量标准进行对比分析，确定产品质量达标率的高低，分析质量问题成因和所处阶段。

第15条 采取对应措施

结合分析结果，确定相关问题的改进方案和优化措施，包括制订新的生产计划、调整工艺流程、改进质量管理方法等，以提高产品质量。

第16条 监督评估

对采取的措施进行监督，评估其可行性、有效性等，并根据评估结果确定后续流程的改进方案。

第5章 设备状态及其维护信息反馈处理

第17条 分析设备状态信息

对收集到的设备状态和维修保养数据，借助SPC图、Pareto图、直方图等相关数据分析工具进行分析，确定存在问题的设备。

第18条 制定维护预警措施

通过数据分析确定设备维护的要求，并制定设备预警机制，实现全面的预警和监测，确保及时预防设备故障、进行保养维护等。

第19条 制作维护文件

根据设备的维护与保养数据确定对应的维护标准和节点，进行有效记录和归档，确保维护和保养数据的安全性和完整性，以便监督和管理。

第20条 做好技术支持与更新

及时更新设备状态和维修信息，并通过其他相关系统，如ERP系统、CRM系统等进行有效整合，实现与生产、销售、供应链等部门的信息共享，提高信息处理效率和作业效率。

第6章 附则

第21条 编制单位

本办法由生产部负责编制、解释与修订。

第22条 生效日期

本办法自××××年××月××日起生效。

09

生产计划考核与总结汇报

9.1　生产计划考核指标

9.1.1　生产计划准确率

生产计划准确率是指在某天的生产计划批次中，当某项或者若干项生产计划批次修改后当天未修改生产计划批次占当天生产计划批次的百分比。主要用于考核工厂的生产规划和生产执行的准确性和精度。

生产计划准确率的计算公式：生产计划准确率=（计划批次−修改批次）÷计划批次×100%。

9.1.2　生产计划完成率

生产计划完成率是指在生产周期内实际完成的产品数量占生产周期内所计划完成的产品数量的百分比，是衡量工厂生产绩效的重要指标，也是衡量工厂生产管理水平的重要参考指标。

生产计划完成率的计算公式：生产计划完成率=实际完成数量÷计划完成数量×100%。

9.1.3　排程准确率

排程准确率是指排程执行准确单数与排程总数的比值，工厂依据生产计划对生产任务进行分配和安排，并在生产过程中对生产任务进行跟踪和控制，以确保按照计划安排的时间、数量和质量生产出产品的能力。

排程准确率的计算公式：排程准确率=生产计划排程无误次数÷排程总次数×100%。

9.1.4　交期延误率

交期延误率是指工厂在一定时间内延迟交货订单数占其总交货订单数的百分比，反映工厂在一定时期内的生产计划情况和生产管理情况。

交期延误率的计算公式：交期延误率=延期交货订单数÷订单总数×100％。

9.2　生产计划考核

9.2.1　生产计划岗位考核量表

为明确生产计划岗位员工的工作职责，确定生产计划岗位员工的考核标准，并为其提供改进机会，更好地评估员工工作绩效，为未来的工作提供指导，需要制定生产计划岗位考核量表，下面是生产计划主管与生产计划专员的考核量表，具体内容如表9-1及表9-2所示。

表9-1　生产计划主管考核量表

考核指标	量化考核说明		
	比率公式与指标描述	权重	考核标准
生产计划排程准确率	生产计划排程准确率 ＝ $\dfrac{生产计划排程无误次数}{排程总次数} \times 100\%$	20%	◆ 生产计划排程的准确率在＿＿%以上，得＿＿分 ◆ 每减少＿＿%，扣＿＿分 ◆ 低于＿＿%，不得分
生产计划编制工作按时完成率	生产计划编制工作按时完成率 ＝ $\dfrac{按时编制的生产计划份数}{生产计划总份数} \times 100\%$	20%	◆生产计划编制工作按时完成率在＿＿%以上，得＿＿分 ◆ 每减少＿＿%，扣＿＿分 ◆ 低于＿＿%，不得分

考核指标	量化考核说明		
	比率公式与指标描述	权重	考核标准
产能负荷分析准确率	产能负荷分析准确率 = $\dfrac{准确分析产能负荷的次数}{分析产能负荷的总次数} \times 100\%$	15%	◆ 产能负荷分析准确率在____%以上，得____分 ◆ 每减少____%，扣____分 ◆ 低于____%，不得分
在制品周转率	在制品周转率 = $\dfrac{在制品周转量}{在制品总量} \times 100\%$	10%	◆ 在制品周转率在____%以上，得____分 ◆ 每减少____%，扣____分 ◆ 低于____%，不得分
标准产能实现率	标准产能实现率 = $\dfrac{实际产能}{标准产能} \times 100\%$	15%	◆ 标准产能实现率在____%以上，得____分 ◆ 每减少____%，扣____分 ◆ 低于____%，不得分
订单按期交付率	订单按期交付率 = $\dfrac{按期交付订单量}{订单总量} \times 100\%$	15%	◆ 订单按期交付率在____%以上，得____分 ◆ 每减少____%，扣____分 ◆ 低于____%，不得分
培训计划完成率	培训计划完成率 = $\dfrac{培训计划完成量}{培训计划计划完成量} \times 100\%$	5%	◆ 培训计划完成率在____%以上，得____分 ◆ 每减少____%，扣____分 ◆ 低于____%，不得分

表9-2　生产计划专员考核量表

考核指标	量化考核说明		
	比率公式与指标描述	权重	考核标准
生产计划按时完成率	生产计划按时完成率 = $\dfrac{生产计划按时完成量}{生产计划计划完成量} \times 100\%$	20%	◆ 生产计划按时完成率在____%以上，得____分 ◆ 每减少____%，扣____分 ◆ 低于____%，不得分

考核指标	量化考核说明		
	比率公式与指标描述	权重	考核标准
生产计划排程准确率	生产计划排程准确率 = $\dfrac{生产计划排程无误次数}{排程总次数} \times 100\%$	20%	◆ 生产计划排程准确率在___%以上，得___分 ◆ 每减少___%，扣___分 ◆ 低于___%，不得分
生产进度报表提交及时率	生产进度报表提交及时率 = $\dfrac{按期提交生产进度报表量}{需要提交生产进度报表量} \times 100\%$	10%	◆ 生产进度报表提交及时率在___%以上，得___分 ◆ 每减少___%，扣___分 ◆ 低于___%，不得分
在制品周转率	在制品周转率 = $\dfrac{在制品周转量}{在制品总量} \times 100\%$	10%	◆ 在制品周转率在___%以上，得___分 ◆ 每减少___%，扣___分 ◆ 低于___%，不得分
紧急订单处理及时率	紧急订单处理及时率 = $\dfrac{紧急订单处理量}{紧急订单总量} \times 100\%$	10%	◆ 紧急订单处理及时率在___%以上，得___分 ◆ 每减少___%，扣___分 ◆ 低于___%，不得分
补货订单达成率	补货订单达成率 = $\dfrac{补货订单完成量}{补货订单总量} \times 100\%$	10%	◆ 补货订单达成率在___%以上，得___分 ◆ 每减少___%，扣___分 ◆ 低于___%，不得分
订单按期交付率	订单按期交付率 = $\dfrac{按期交付订单量}{订单总量} \times 100\%$	10%	◆ 订单按期交付率在___%以上，得___分 ◆ 每减少___%，扣___分 ◆ 低于___%，不得分
生产数据统计准确率	生产数据统计准确率 = $\dfrac{生产数据统计准确量}{生产数据总量} \times 100\%$	10%	◆ 生产数据统计准确率在___%以上，得___分 ◆ 每减少___%，扣___分 ◆ 低于___%，不得分

9.2.2　生产计划工作考核方案

生产计划工作考核对提高生产计划工作的效率和质量、生产计划的执行效果和效率、生产计划的准确性和及时性，以及促进生产计划工作的规范化和标准化具有重要意义。以下是一则生产计划工作考核方案，供参考。

生产计划工作考核方案

一、目的

规范生产计划的管理工作，保证生产进度的准时性、生产流程的流畅度，进一步规范生产组织管理，充分发挥绩效考核的激励与约束作用。

二、考核事项

1.考核对象

生产计划编制完成过程中各项工作的完成情况与执行人员的情况。

2.考核时间

本次生产计划考核时间为××××年××月××日至××××年××月××日。

3.考核内容与考核标准

生产计划工作考核主要包括以下内容：

（1）生产计划完成准确率

计算公式：生产计划完成准确率 $= \dfrac{\text{生产计划完成量}}{\text{生产计划计划完成量}} \times 100\%$。

考核标准：生产计划完成准确率在____%以上，得____分，每减少____%，扣____分。

（2）生产计划排程准确率

计算公式：生产计划排程准确率 $= \dfrac{\text{生产计划排程无误次数}}{\text{排程总次数}} \times 100\%$。

考核标准：生产计划排程准确率在____%以上，得____分，每减少____%，扣____分。

（3）订单按期交付率

计算公式：订单按期交付率 $= \dfrac{\text{按期交付订单量}}{\text{订单总量}} \times 100\%$。

考核标准：订单按期交付率在____%以上，得____分，每减少____%，扣____分。

（4）其他内容

考核内容还应包括生产计划编制完成率、数据收集准确率、生产产量完成率等内容，生产计划工作考核人员应根据相应标准制定考核指标。

三、考核实施流程

生产计划工作考核人员在进行考核工作时主要按以下步骤进行。

1.组建考核小组

生产部经理与生产计划主管在部门内选取相关人员组建考核小组，并对小组成员进行考核前的培训工作。

2.收集相关资料

考核小组在考核实施前收集与整理考核相关资料，主要包括生产计划编制各期稿件、生产资料数据、生产现场统计记录数据、生产订单相关资料等。

3.编写考核表

考核小组根据本次考核项目的性质编制生产计划工作考核表，表中需要包含考核项目、计算方式、权重、分值等内容，具体考核表格可参考表9-1及表9-2。

4.实施考核

由考核小组根据编制的考核表对各类生产计划编制工作进行评分，生产人员应进行自评和员工互评，最终考核小组综合多方评分结果，统计各生产计划工作的最终得分情况。

四、考核结果反馈

生产计划考核小组将考核表数据统计整理，分析考核结果后将结果下发至生产部，若被考核人员对考核结果有异议，可在接到考核结果通知之日起五个工作日内向人力资源部门提出申诉，并提交申诉材料。

五、考核等级判定

考核人员确定最终考核结果后，可根据得分情况分为优秀、良好、一般、较差四个等级。

考核总分为____分以上，判定为优秀；考核总分为____分至____分，判定为良好；考核总分为____分至____分，判定为一般；考核总分为____分至____分，判定为较差。

六、考核结果应用

考核结果可作为生产部、生产车间、生产工人绩效考核的重要依据，并与其工资、奖金、晋升等相关。

考核结果为"较差"的人员应由生产部经理组织相关人员进行面谈，且应与考核结果为"一般"的人员共同进行培训教育，考核结果为"优秀"的人员应给予相应奖金或通过其他方式进行奖励。

七、编制考核报告

考核完成后，生产计划工作考核小组应编写"生产计划工作考核报告"，并将报告上交至生产部经理进行审核、生产总监进行审批。

考核结束后由生产部将此次考核中收集的资料、编制的文书进行整理并存档，并将其作为后续生产计划编制的重要参考资料。

9.3　生产计划工作总结与汇报

9.3.1　生产计划工作总结

为了及时发现生产过程中存在的问题，寻找解决问题的方法和途径，帮助工厂优化管理流程，提高生产效率和质量，工厂生产计划管理人员在项目完成后应及时改进流程、总结经验，为未来规划提供参考依据。

生产计划工作总结

本次年度生产计划工作总结报告是基于工厂在过去一年中的生产计划实际情况和业绩表现撰写的。本报告将对工厂的生产计划现状、存在的问题、改善措施等进行深入解析和总结。通过本次总结，希望能够为工厂今后的生产计划提供参考。

一、生产计划工作概况

本年度工厂生产计划工作取得了一定的成效，从总体来看，工厂整体生产规模逐年扩大，产品质量得到了较大程度的提升。同时，生产事故率逐年下降，并取得了良好的社会影响。其相关数据如下所示。

（1）本年度共完成项目＿＿＿个，预计完成项目为＿＿＿个，完成率为＿＿＿%；

（2）本年度生产总产量＿＿＿吨，预计产量为＿＿＿吨，完成率为＿＿＿%；

（3）本年度生产总产值＿＿＿亿元，预计产量为＿＿＿亿元，完成率为＿＿＿%；

（4）本年度有＿＿＿个项目达到了预期目标，＿＿＿个项目达到了市场平均水平，＿＿＿个项目低于预期目标。

（5）本年度事故发生率为＿＿＿%，标准值为＿＿＿%。

二、生产计划问题分析

本年度生产计划在取得了一定成效的同时，也发生了一些问题，主要问题在于生产计划的预测准确度不高，生产过程发生了突发状况等。

1.生产计划编制问题

最主要的问题是生产计划的预测准确度不高。前期的需求预测不够精确，生产计划编制不够科学，已经取得的订单难以按照计划进行生产和配送，这也导致了工厂的库存管理较为薄弱，增加了不必要的损失。

2.生产计划执行问题

生产计划的执行工作也存在较大的问题。这主要表现在任务进度不清晰，物资、人员等资源分配不合理，生产效率低下等。

在执行生产计划时，往往会遇到拖延计划、缺乏团队意识等问题，导致任务推迟或无法完成。

3.信息共享不畅

生产计划工作也面临着信息共享不畅的问题。由于各部门之间信息共享机制不完善，生产计划常常需要多次确认，并且过程中容易出现数据重复记录的情况。这不仅增加了生产计划编制的难度和时间，还降低了管理效率和预测准确性。

三、改善措施

在解决以上问题时，我们制定了更加科学、合理、可操作的生产计划编制、执行方案，并采取以下改善措施。

1.优化生产计划编制

（1）加强需求预测，建立完善的市场调研机制。引进先进的大数据技术，协助市场销售人员对市场需求进行预测，并将预测结果及时反馈到生产部。

（2）合理制订生产计划，着重考虑任务的可行性和可实施性，建立合理的生产计划指标体系，确定行业标准和检测标准，避免产生无法实施的计划。

2.细化生产计划执行

（1）制订考核制度并完善生产执行流程，进行任务分解和任务落实，确保整个生产流程的有序性。

（2）通过生产计划的系统化管理和科学化探索，实现对资源的精准化管理，在执行中持续优化管理流程。

3.提升信息共享效率

（1）在信息共享方面，我们建立了完善的数据统计系统及信息共享平台，进行了数据采集和分析，确保能够及时准确地共享信息。

（2）我们建立了多部门信息互通机制和定期管理会议机制等，加强了部门间的沟通、讨论和协商，在集中落实职责的同时，优化了分工合作机制，提升了信息共享效率。

256

四、生产计划其他事项

1.生产计划变更

在生产计划执行的过程中，不可避免地会遇到生产计划的变更，此时需要调整生产计划的组成部分，我们实施了以下措施应对生产计划变更。

（1）在进行生产任务变更的过程中，重点考虑不同阶段制订的不同生产计划所产生的需求变化，依据变更内容进行重新规划。

（2）根据预算和时间调整资源分配，对计划进行紧急调整，协调相关部门完善生产计划，并与客户进行沟通，确保计划变更的顺利实施。

2.品质管理

我们高度重视产品的品质，在全员的共同努力下，工厂的各项指标均得到了有效保障。

通过积极引进、学习和实践先进的品质管理理念，我们不断优化品质管理流程，加强对原材料、设备等关键要素的控制，从源头上提升了产品的品质，为客户提供了满意的产品和服务。

五、结论

本年度生产计划完成率达到了＿＿＿％，生产计划排程准确率为＿＿＿％，按期交付率达到了____%，均达到了预期标准，同时高于行业平均水平。本年度事故发生率为____%，远低于行业平均水平。本年度生产计划工作虽然存在部分问题，但成果显著。

未来，生产部会不断总结经验，加强与其他部门的协作和沟通，不断优化生产计划的制订和执行，提高生产计划的执行效率，为工厂的发展和壮大做出贡献。

×××（总结人/部门）

××××年××月××日

9.3.2　生产计划工作汇报

为了更好地协调各部门之间的工作，确保订单按时交付，加强生产管理，提高生产效率，降低生产成本，使生产均衡有序地进行，保质保量地完成生产任务，生产计划管理人员需要及时向上级部门进行生产计划工作汇报。

生产计划工作汇报

尊敬的领导：

我是××工厂的生产计划管理人员，负责制订生产计划，进行生产进度管控、生产数据分析等工作。本次汇报主要围绕生产计划的需求预测、产能核算、编制、执行和变更等方面进行，着重分析遇到的问题及制定问题的解决方案。

一、需求预测

生产计划的第一个步骤是需求预测，它通常根据历史数据、市场需求、产能及工厂销售目标等因素进行。

我们不仅要预测总需求，还要根据不同产品的销售情况和库存情况做出细化展开的预测，以确保生产计划更加准确地反映市场需求。但在需求预测中，我们经常遇到以下问题并制定了解决方案。

1.历史数据的准确性不足

在本项目执行过程中，数据准确率为____%。由于历史数据的记录不准确或数据的缺失，使其不能准确地反映市场需求的周期性和趋势性。

解决方案：建立产品销售数据分析系统，从多个角度对历史数据进行分析，包括销售趋势、地域分布、客户分布、产品分布等方面，以便更好地进行需求预测。

2.市场趋势的不确定性

市场需求是动态变化的，而且变化往往不可预测。因此，进行需求预测时需要考虑市场趋势的不确定性。

解决方案：定期组织市场调研，实时掌握市场变化的最新动态，并将这些动态因素纳入销售数据分析系统中，与历史数据和市场需求的变化趋势相结合，进行科学的需求预测。

二、产能核算

生产计划的编制必须依据工厂的现有产能情况，因此必须考虑产能的核算问题。在生产计划中，产能核算准确率为＿＿＿％，在产能核算中我们常常遇到以下问题并制定了解决方案。

1.生产工艺的不确定性

随着科技的不断发展，生产工艺会不断改善和更新，因此往往难以准确预测生产过程中的效率和出错率。

解决方案：及时了解生产工艺更新情况，及时与生产技术人员交流和协作，以便更好地掌握最新的生产信息，并做出调整和改进。

2.产能误差

由于各种因素的干扰（如机器状态、工人水平等），在实际生产中往往会有产能误差，而产能误差会对生产计划产生重要影响。

解决方案：在每次生产过程中及时记录、反馈生产数据，并通过生产数据对生产过程进行详细分析，以及时修正误差。

三、生产计划的编制

生产计划的编制是一个关键的环节。生产计划的制订需要我们了解市场需求和工厂实际情况，同时还需要考虑工厂的产能限制，以避免过度生产和滞销现象。

在生产计划的编制过程中，完成率为＿＿＿％，同时，我们经常遇到以下问题并制定了解决方案。

1.生产计划与业务计划之间匹配不准确

生产计划应该与业务计划紧密关联，以确保生产的合理性和高效性。但是，由于各部门信息的不协调，会导致生产计划与业务计划之间匹配不准确。

解决方案：加强各部门之间的协调与沟通，确保业务计划和生产计划之间相互协调，同时定期组织跨部门业务调度会议，及时调整生产计划与业务计划之间的关系。

2.生产计划规划的不合理性

生产计划规划不合理会导致生产效率低下和生产成本上升。我们需要根据市场需求和工厂产能限制来制订合理的生产计划。

解决方案：为了规范生产计划制定流程，我们建立了一套完整、科学的生产计划管理制度，以使生产计划的制订过程更加规范、标准，并且可以让监控、检查、审核等环节更加流畅。

四、生产计划的执行

生产计划的执行也是一个关键环节，可以最大限度地控制生产过程中出现的问题，确保生产效率和产品质量。在生产计划的执行过程中，我们经常遇到以下问题并制定了解决方案。

1.工人的不稳定性

人员供应不稳定、工人流动等问题会导致生产计划的执行中断。

解决方案：组织员工培训，并和人力资源部门保持密切联系，加强员工的招募和留任管理，为员工提供安全和稳定的生产环境。

2.设备的不稳定性

随着设备运行时间的不断增加，生产过程中设备故障、维护停机等问题会导致生产计划停滞。

解决方案：建立完善的设备维护管理系统，对设备进行定期的维护和保养，确保设备正常运转。同时加强设备的管理和更新换代，尽量降低设备出现故障的频率。

五、生产计划变更

由于市场需求和工厂实际情况的不断变化，生产计划变更是一种必要手段，它可以使工厂适时调整生产计划以适应市场变化。在生产计划变更时，我们经常遇到以下问题并制定了解决方案。

1.规则和标准不明确

由于市场需求的不确定性和生产计划的复杂性，生产计划的变更经常会出现。在更改生产计划时，我们需要重新制定规则和标准。

解决方案：明确生产计划的变更原因、适用范围、变更记录，建立有效的生产计划更改流程，并及时将生产计划变更信息传达给相关部门。

2.变更对供应链产生的影响

生产计划变更往往会对供应链带来影响。如果生产计划变更的信息没有及时反馈给供应链各环节，将会导致生产延误和成本增加。

解决方案：及时跟踪相关信息，及时向供应链各环节反馈生产计划变更信息，并及时协助供应链管理部门做好相应的调整工作。

六、总结

生产计划管理是工厂运营过程的核心环节之一。建立一套完整、科学、高效的生产计划对保障工厂生产效率、产品质量、市场竞争力和客户满意度至关重要。

在未来的工作中，我们将继续加强与各部门的沟通和协调，优化生产计划编制流程，提高生产计划编制的准确性，确保生产计划的执行效率。

×××（汇报人/部门）

××××年××月××日